ISBN 978-1-334-84133-0
PIBN 10719483

1 MONTH OF
FREE
READING

at

www.ForgottenBooks.com

By purchasing this book you are eligible for one month membership to ForgottenBooks.com, giving you unlimited access to our entire collection of over 1,000,000 titles via our web site and mobile apps.

To claim your free month visit: www.forgottenbooks.com/free719483

LE MARIAGE

D'OLYMPE

PIECE

Représentée pour la première fois à Paris, sur le théâtre du Vaudeville,
le 17 juillet 1855

La Librairie E. LELONG

est transférée, 33, Rue des Pierres, 33

ŒUVRES D'ÉMILE AUGIER

FORMAT GRAND IN-18.

GABRIELLE, comédie en cinq actes et en vers.

LA CIGUE, comédie en deux actes et en vers.

L'AVENTURIÈRE, comédie en cinq actes et en vers.

L'HOMME DE BIEN, comédie en trois actes et en vers.

L'HABIT VERT, proverbe en un acte et en prose.

LA CHASSE AU ROMAN, comédie en trois actes et en prose.

SAPHO, opéra en trois actes.

DIANE, drame en cinq actes et en vers.

LES MÉPRISES DE L'AMOUR, comédie en cinq actes et en vers.

PHILIBERTE, comédie en trois actes et en vers.

LA PIERRE DE TOUCHE, comédie en cinq actes et en prose.

LE GENDRE DE M. POIRIER, comédie en quatre actes et en prose.

CEINTURE DORÉE, comédie en trois actes et en prose.

PARIS — IMPRIMERIE J. CLAYE, RUE SAINT-BENOIT, 7.

LE MARIAGE
D'OLYMPE

PIÈCE

EN TROIS ACTES, EN PROSE

PAR

ÉMILE AUGIER

PARIS

MICHEL LÉVY FRÈRES, ÉDITEURS

RUE VIVIENNE, 2 BIS.

—

1855

PERSONNAGES

LE MARQUIS DE PUYGIRON.	MM. CHAMBERY.
HENRI DE PUYGIRON.	LAGRANGE
DE MONTRICHARD.	FÉLIX.
BAUDEL DE BEAUSÉJOUR.	É. MONROSE.
ADOLPHE.	PARADE.
LA MARQUISE DE PUYGIRON.	Mmes CHAMBÉRY.
GENEVIÈVE DE WURZEN.	SAINT-MARC.
PAULINE.	FARGUEIL.
IRMA.	GUILLEMIN

LE MARIAGE
D'OLYMPE

ACTE PREMIER

Le salon de conversation aux eaux de Pilnitz. — Trois grandes portes cintrées au fond donnant sur un jardin ; au milieu un divan rond, à droite une table couverte de journaux, à gauche un tête-à-tête en S.

SCÈNE PREMIÈRE.

LE MARQUIS DE PUYGIRON, lisant un journal, à droite ; **M. DE MONTRICHARD** assis sur le divan en face du public. **BAUDEL DE BEAUSÉJOUR** sur le divan de façon à ce que le public ne voie que ses jambes.

MONTRICHARD, lisant le *Guide du Voyageur.*

Pilnitz, à neuf kilomètres sud-est de Dresde, résidence de la cour pendant l'été. Château royal ; eaux thermales ; magnifique établissement de bains ; maison de jeux publics... (Il jette le livre.) Ce petit ouvrage est palpitant d'intérêt !

LE MARQUIS.

Dites-moi donc, monsieur de Montrichard, vous qui êtes au courant de la France moderne, qu'est-ce que c'est que mademoiselle Olympe Taverny ? Une actrice ?

MONTRICHARD.

Non, monsieur le marquis ; c'est tout simplement une des femmes le mieux et le plus entretenues de Paris. Comment son nom arrive-t-il jusqu'aux eaux de Pilnitz ?

LE MARQUIS.

Le Constitutionnel annonce sa mort.

MONTRICHARD.

Est-il possible? Une fille de vingt-cinq ans! Pauvre Olympe!

BAUDEL, se levant derrière le divan.

Olympe est morte?

MONTRICHARD, après avoir cherché d'où sort la voix, se lève et salue.

Monsieur l'a connue?

BAUDEL, très-fat

Comme tout le monde... beaucoup.

MONTRICHARD.

Comment est-elle morte, monsieur le marquis?

LE MARQUIS.

Voici la nouvelle : (Lisant.) « On écrit de Californie : La fièvre
« jaune vient d'enlever à la fleur de l'âge une de nos plus char-
« mantes compatriotes, mademoiselle Olympe Taverny, huit
« jours après son arrivée à San Francisco. »

MONTRICHARD.

Que diable allait-elle faire en Californie? Elle avait dix mille
.ivres de rentes.

BAUDEL, assis près de Montrichard.

Elle les aura perdues à la Bourse.

MONTRICHARD, au marquis.

Cela m'a toujours paru un contre-sens énorme que ces
joyeuses créatures fussent sujettes à un accident aussi sérieux
que la mort, ni plus ni moins que les honnêtes femmes.

LE MARQUIS.

C'est la seule façon qu'elles aient de régulariser leur position.
Mais ce qui m'étonne, c'est que les journaux leur accordent
des articles nécrologiques.

MONTRICHARD.

Voilà longtemps que vous avez quitté la France, monsieur le
marquis?

LE MARQUIS.

Depuis la Vendée de 1832.

Il y a eu du changement en vingt-deux ans.

LE MARQUIS.

Cela devait être, et les choses marchaient déjà vers une confusion générale. Mais, que diable! il y avait une pudeur publique.

MONTRICHARD.

Eh! que peut la pudeur publique contre un fait reconnu? Or l'existence de ces demoiselles en est un. Elles ont passé des régions occultes de la société dans les régions avouées. Elles composent tout un petit monde folâtre qui a pris son rang dans la gravitation universelle. Elles se voient entre elles; elles reçoivent et donnent des bals; elles vivent en famille, elles mettent de l'argent de côté et jouent à la Bourse. On ne les salue pas encore quand on a sa mère ou sa sœur à son bras; mais on les mène au bois en calèche découverte et au spectacle en première loge... et cela sans passer pour un cynique.

BAUDEL.

Voilà!

LE MARQUIS.

C'est très-curieux. De mon temps, les plus affronteurs n'auraient pas osé s'afficher ainsi.

MONTRICHARD.

Parbleu! de votre temps ce nouveau monde était encore un marais; il s'est desséché, sinon assaini. Vous y chassiez bottés jusqu'à la ceinture; nous nous y promenons en escarpins. Il s'y est bâti des rues, des places, tout un quartier; et la société a fait comme Paris, qui tous les cinquante ans s'agrége ses faubourgs: elle s'est agrégé ce treizième arrondissement. Pour vous montrer d'un mot à quel point ces demoiselles ont pris droit de cité dans les mœurs publiques, le théâtre a pu les mettre en scène.

LE MARQUIS.

Comment? En plein théâtre, des femmes qui... Et le parterre supporte cela?

MONTRICHARD.

Très-bien; ce qui vous prouve qu'elles sont du domaine de la comédie, et par conséquent du monde.

LE MARQUIS.

Je tombe des nues.

MONTRICHARD, se levant.

D'où tomberiez-vous donc si je vous disais que ces dames trouvent à se marier?

LE MARQUIS.

Avec des chevaliers d'industrie?

MONTRICHARD.

Non pas! avec des fils de bonne maison.

LE MARQUIS.

Des idiots de bonne maison.

MONTRICHARD.

Mon Dieu, non. La turlutaine de notre temps, c'est la réhabilitation de la femme perdue....... déchue, comme on dit; nos poëtes, nos romanciers, nos dramaturges, remplissent les jeunes têtes d'idées fiévreuses de rédemption par l'amour, de virginité de l'âme, et autres paradoxes de philosophie transcendante... que ces demoiselles exploitent habilement pour devenir dames, et grandes dames.

LE MARQUIS.

Grandes dames?

MONTRICHARD.

Parbleu! l'hyménée est leur dernier coup de filet; il faut que le poisson en vaille la peine.

LE MARQUIS, se levant.

Vertubleu! monsieur de Montrichard, leur beau-père ne leur tord pas le cou?

MONTRICHARD.

Et le Code pénal, monsieur le marquis?

LE MARQUIS.

Je me moquerais bien du Code pénal en pareille circonstance! Si vos lois ont une lacune par où la honte puisse impunément s'introduire dans les maisons, s'il est permis à une fille perdue de voler l'honneur de toute une famille sur le dos d'un jeune homme ivre, c'est le devoir du père, sinon son droit, d'arracher son nom au voleur, fût-il collé à sa peau comme la tunique de Nessus.

MONTRICHARD.

C'est de la justice un peu sauvage pour notre temps, monsieur le marquis.

LE MARQUIS.

C'est possible; aussi ne suis-je pas un homme de ce temps-ci.

BAUDEL.

Cependant, monsieur le marquis, supposez que cette fille ne laisse pas traîner dans le ruisseau cette robe volée, comme vous dites...

LE MARQUIS.

Supposition inadmissible, monsieur.

BAUDEL.

Ne se peut-il pas que, lasse de son dévergondage, heureuse d'une vie calme et pure...

LE MARQUIS.

Mettez un canard sur un lac au milieu des cygnes, vous verrez qu'il regrettera sa mare et finira par y retourner.

MONTRICHARD.

La nostalgie de la boue!

BAUDEL.

Vous n'admettez donc pas de Madeleines repentantes?

LE MARQUIS.

Si fait, mais au désert seulement.

SCÈNE II.

LES MÊMES, LA MARQUISE, GENEVIÈVE,
entrant par le fond à droite.

LE MARQUIS.

Chut! messieurs, voici des oreilles chastes.

MONTRICHARD.

Comment se portent madame la marquise et mademoiselle Geneviève?

LA MARQUISE.

Mieux, monsieur, je vous remercie... Avez-vous lu vos journaux, mon ami?

LE MARQUIS.

Oui, ma chère, et je suis à vos ordres.

GENEVIÈVE.

Il n'y a pas de nouvelles de Turquie, grand-père?

LE MARQUIS.

Non, mon enfant.

MONTRICHARD.

Vous vous intéressez à la guerre, mademoiselle?

GENEVIÈVE.

Oh! je voudrais être un homme pour y aller.

LA MARQUISE.

Taisez-vous, petite folle.

GENEVIÈVE.

Je ne suis pas poltronne; je tiens cela de vous, grand'maman; vous ne pouvez pas m'en vouloir.

LA MARQUISE, lui donnant une petite tape sur la joue et se
retournant vers son mari.

Voulez-vous venir à la source, Tancrède? C'est l'heure.

LE MARQUIS.

Allons. (Aux jeunes gens.) Nous sommes ici pour les eaux, nous autres invalides... Prenez mon bras, marquise; marchez devant, petite fille. (Bas, à la marquise.) As-tu mieux dormi?

LA MARQUISE, de même.

Presque bien, et toi?

LE MARQUIS.

Moi aussi. (Ils sortent.)

SCÈNE III.

MONTRICHARD, BAUDEL.

BAUDEL, à Montrichard, qui sort.

Je suis ravi, monsieur, d'avoir eu l'honneur de faire votre connaissance.

MONTRICHARD, se retournant.

Quand donc ai-je eu cet honneur, monsieur?

BAUDEL.

Mais... là... tout à l'heure.

MONTRICHARD.

Pour quelques mots échangés? Diantre! vous êtes prompt connaisseur.

BAUDEL.

Voilà longtemps que je vous connais de réputation, et que j'ai un ardent désir d'être de vos amis...

MONTRICHARD.

Vous êtes bien bon; mais quoique mon amitié ne soit pas le temple de l'étiquette, encore n'y entre-t-on pas sans se faire annoncer! (A part.) Quel est cet Olibrius?

BAUDEL, saluant.

Anatole de Beauséjour...

MONTRICHARD.

Chevalier de Malte?

BAUDEL.

Je l'avoue.

MONTRICHARD.

La croix de Malte coûte quinze cents francs... le nom de Beauséjour coûte combien?

BAUDEL.

Deux cent mille francs en terres...

MONTRICHARD.

C'est cher. Vous devez en avoir un autre meilleur marché.

BAUDEL.

Ah! ah! ah! très-joli! — En effet, monsieur, je m'appelle Baudel de mon nom patronymique.

MONTRICHARD.

Baudel? Comme les Montmorency s'appelaient Bouchard. Il me semble, monsieur, que j'ai déjà entendu parler de vous... Ne vous êtes-vous pas présenté au Jockey l'an dernier?

BAUDEL.

Effectivement.

MONTRICHARD.

Et vous n'avez pas été admis parce que... attendez donc...
parce que monsieur votre père était marchande de modes.

BAUDEL.

C'est-à-dire qu'il était le bailleur de fonds, le commanditaire
de mademoiselle Aglaé.

MONTRICHARD.

Son associé en un mot. Eh bien! monsieur, si j'étais le fils
de votre père, je m'appellerais Baudel tout court; il n'y a pas
de mal à être chauve : le ridicule commence à la perruque,
monsieur de Beauséjour. Sur ce, je suis votre serviteur. (Fausse
sortie.)

BAUDEL, l'arrêtant.

Monsieur!... la terre de Beauséjour est située sur la route
d'Orléans, à trente-trois kilomètres de Paris; pourriez-vous me
dire où est située la terre de Montrichard?

MONTRICHARD, revenant en scène.

Trois curieux m'ont déjà fait cette question imprudente. Au
premier j'ai répondu qu'elle était située dans le bois de Bou-
logne; au second dans le bois de Vincennes, et au troisième
dans la forêt de Saint-Germain. J'ai conduit ces trois sceptiques
sur ma terre, et ils sont revenus convaincus... très-grièvement;
si bien que personne ne s'est plus avisé de m'interroger, et je
crois, monsieur, que vous n'avez pas besoin vous-même de plus
amples renseignements.

BAUDEL.

Vous ne parlez là que des parties d'agrément de votre pro-
priété; vous oubliez les fermes qui en dépendent et qui sont
situées à Spa, à Hombourg, à Bade et à Pilnitz.

MONTRICHARD.

Monsieur tient absolument à un coup d'épée?

BAUDEL.

Oui, monsieur, j'en ai besoin; j'ai même une petite affaire à
vous proposer à ce sujet. (Ils s'asseyent à droite sur le tête-à-tête.)

MONTRICHARD.

Très-bien, mon cher monsieur Baudel. Je vous avertis que

vous avez déjà un pouce de fer dans le bras ; prenez garde de grossir la carte.

BAUDEL.

Oh ! je sais que vous êtes la meilleure lame de Paris. Votre épée vous tient lieu de tout, même de généalogie.

MONTRICHARD.

Deux pouces.

BAUDEL.

De noblesse ambiguë, sans autre ressource connue que le jeu, vous êtes parvenu par votre bravoure et votre esprit à vous faire accepter dans le monde des viveurs élégants ; vous êtes même un des coryphées de ce monde... où vous vous conduisez d'ailleurs en parfait gentilhomme : dépensant beaucoup, n'empruntant jamais, beau joueur, beau convive, fin tireur et vert galant.

MONTRICHARD.

Trois pouces !

BAUDEL.

Malheureusement votre déveine a commencé. Vous êtes à sec, vous cherchez cinquante mille francs pour tenter encore la fortune, et vous ne les trouvez pas.

MONTRICHARD.

Cinq pouces.

BAUDEL.

Eh bien, moi, je vous les prête.

MONTRICHARD.

Bah !

BAUDEL.

Combien de pouces, maintenant ?

MONTRICHARD.

Cela dépend des conditions du prêt.... car il doit y avoir des conditions ?

BAUDEL.

Sans doute.

MONTRICHARD.

Parlez, M. de Beauséjour.

BAUDEL.

Oh! c'est fort simple; je voudrais...

MONTRICHARD.

Quoi?

BAUDEL.

Diable! ce n'est pas aussi simple qu'il me semblait d'abord.

MONTRICHARD.

Je suis très-intelligent.

BAUDEL.

Monsieur, j'ai cent vingt-trois mille livres de rentes.

MONTRICHARD.

Vous êtes bien heureux.

BAUDEL.

Eh bien, non; j'ai reçu une éducation de gentleman, j'ai tous les instincts aristocratiques; ma fortune, mon éducation m'appellent dans les sphères brillantes du monde...

MONTRICHARD.

Et votre naissance vous en repousse.

BAUDEL.

Précisément. Chaque fois que je frappe à la porte, on me la ferme au nez. Pour entrer et pour me maintenir, il faudrait me battre une dizaine de fois. Or, je ne suis pas plus lâche qu'un autre, mais j'ai, comme je vous le disais, cent vingt-trois mille raisons de tenir à la vie, et mon adversaire n'en aurait, la plupart du temps, que trente ou quarante mille tout au plus; la partie ne saurait donc être égale.

MONTRICHARD.

Je comprends; vous voulez faire vos preuves une fois pour toutes, et vous vous adressez à moi.

BAUDEL.

Vous y êtes.

MONTRICHARD.

Mais, mon cher monsieur, quand je vous aurai fourré un pouce de fer dans le bras, cela ne prouvera pas que vous tiriez bien l'épée.

BAUDEL.

Aussi n'est-ce pas là ce que...

MONTRICHARD.

Quoi donc alors?

BAUDEL.

C'est très-délicat à expliquer.

MONTRICHARD.

Dites la chose brutalement, parbleu! nous avons un compte ouvert.

BAUDEL.

Vous avez raison... c'est un échange que je voudrais vous proposer.

MONTRICHARD.

Un échange de quoi contre quoi? Sapristi! vous ressemblez à ces bouteilles de champagne qui font semblant de partir pendant un quart d'heure!... Demandez le tire-bouchon, morbleu!

BAUDEL.

Eh bien, monsieur..... n'avez-vous pas pris pour devise « *cruore dives?* »

MONTRICHARD.

Oui, monsieur, oui, *cruore dives*, enrichi par son sang. Seulement, je n'ai pas pris cette devise; elle fut donnée par Louis XIV, avec la terre de Montrichard, à mon quadrisaïeul, qui avait reçu huit blessures à la bataille de Senef.

BAUDEL.

Combien valait alors la terre de Montrichard?

MONTRICHARD.

Un million.

BAUDEL, les yeux baissés.

Cela fait cent vingt-cinq mille francs par blessure. Je ne suis pas aussi riche que Louis XIV, monsieur; mais il y a blessure et blessure... Une égratignure au bras, par exemple, ne vous semblerait-elle pas bien payée à cinquante mille francs?

MONTRICHARD, sévèrement.

Vous voulez m'acheter un coup d'épée?... Vous êtes fou!

BAUDEL.

Remarquez bien que j'ai plus intérêt que vous à tenir notre marché secret... Ce marché en lui-même n'a rien de répréhensible : le prix du sang a toujours été honorable, votre devise le prouve ainsi que le remplacement militaire.

MONTRICHARD, après une hesitation.

Ma foi, mon cher, vous me plaisez... je serais bien embarrassé de dire pourquoi, mais vous me plaisez, et je veux m'amuser à faire de vous un homme à la mode. Je recevrai votre coup d'épée, mais gratis, entendez-vous?

BAUDEL, à part.

Ce sera plus cher, n'importe!

MONTRICHARD.

Envoyez-moi vos témoins.

BAUDEL.

Mais la cause de la querelle?

MONTRICHARD.

Vous vous appelez Baudel : j'ai dit qu'il faudrait barrer l'L.

BAUDEL.

Très-bien! Montrichard, c'est entre nous à la vie! à la mort!

MONTRICHARD.

Après l'affaire, nous pendrons la crémaillère de notre amitié à l'hôtel du *Grand Scanderberg*. Allez, j'attends vos témoins ici, mon cher monsieur Baudel.

BAUDEL.

De Beauséjour.

MONTRICHARD.

Oui, oui... de Beauséjour. (Baudel sort.)

SCÈNE IV.

MONTRICHARD.

Voilà un fier original! J'en ferai quelque chose... j'en ferai mon ami d'abord... un ami fidèle et attaché... par la patte. — Ma foi! j'avais grand besoin de cette rencontre pour me remettre à flot. **Ah!** Montrichard, mon brave, il faut faire une fin; l'heure du mariage a sonné pour toi! (Il descend vers la porte de gauche et se croise avec Pauline)

SCÈNE V.

MONTRICHARD, PAULINE.

MONTRICHARD.

Tiens! c'est toi? tu n'es donc pas morte? Les journaux n'en font jamais d'autres!

PAULINE.

Il y a méprise, sans doute.

MONTRICHARD.

Comment, n'est-ce pas à Olympe Taverny que...

PAULINE.

J'aurais dû m'en douter! Ce n'est pas la première fois qu'on me fait l'honneur de me prendre pour cette personne. — Je suis la comtesse de Puygiron, monsieur.

MONTRICHARD.

Ah! madame, que de pardons! Mais cette ressemblance est si miraculeuse... Il n'y a pas jusqu'à la voix... Vous m'excuserez d'avoir pu m'y tromper... d'autant que nous sommes sur un terrain vague aussi accessible à Olympe Taverny qu'à la comtesse de Puygiron. Pardon, madame.

PAULINE.

Vous êtes tout excusé, monsieur. — Je croyais trouver mon oncle et ma tante dans ce salon.

MONTRICHARD.

Ils sont à la source. — M. le marquis ne m'avait pas dit que son neveu fût marié.

PAULINE.

Pour une bonne raison, c'est qu'il ne le sait pas encore.

MONTRICHARD.

Ah!

PAULINE.

C'est une surprise que mon mari et moi lui avons ménagée.

Ainsi veuillez ne pas l'avertir de notre arrivée, si vous le voyez avant nous... ou plutôt indiquez-moi le chemin de la source.

MONTRICHARD.

Faites-moi la grâce d'accepter mon bras, madame. J'ai l'honneur de connaître un peu votre famille... (s'inclinant.) Baron de Montrichard... et je suis heureux du hasard qui... que... Que c'est bête de faire poser un vieil ami !

PAULINE.

Monsieur...

MONTRICHARD.

As-tu peur que je te vende ? Tu sais bien que je suis toujours du parti des femmes. D'ailleurs nous pouvons nous servir mutuellement : mon intérêt te répond de ma discrétion.

PAULINE.

Comment serais-je assez heureuse pour vous rendre service, monsieur le baron... de Montrichard, je crois ?

MONTRICHARD.

C'est de la défiance ! Vous voulez des arrhes ? volontiers. Je songe à me marier : votre grand oncle, le marquis de Puygiron, a une petite fille charmante ; j'ai ébauché un commencement de connaissance avec lui, mais je ne suis pas encore admis dans la famille ; vous m'y ferez entrer et vous servirez mes projets, moyennant quoi quiconque aurait l'impertinence de vous reconnaître, aura affaire à moi. Voilà. (Il lui tend la main.)

PAULINE, mettant sa main dans celle de Montrichard.

A quoi m'avez-vous reconnue ?

MONTRICHARD.

A ta figure d'abord... Ensuite au petit signe rose de ta nuque d'ivoire, ce petit signe que j'adorais.

PAULINE.

Tu t'en souviens encore ?

MONTRICHARD.

Parbleu ! tu as été mon seul amour.

PAULINE.

Et toi le mien.

MONTRICHARD.

C'est agréable pour ton mari ce que tu dis là. A propos de

mari, parlons donc de ton mariage. **En** quoi est-il? en vrai ou en faux?

PAULINE.

En ce qu'il y a de plus vrai, mon cher Édouard.

MONTRICHARD.

Non, Alfred, tu confonds; mais je ne t'en veux pas. Ton seul amour a eu tant de petits noms! — Comment diable t'est venue l'idée saugrenue de te marier? **Tu** étais heureuse comme une poule en pâte.

PAULINE.

Ne vous êtes-vous jamais aperçu en arrivant au boulevard que vous aviez oublié votre canne dans un cabinet des *Frères-Provençaux?*

MONTRICHARD.

Cela s'est vu.

PAULINE.

Vous êtes retourné la chercher. Vous avez trouvé toute l'orgie rangée dans un coin, les candélabres éteints, la nappe enlevée; un bout de bougie sur la table tachée de graisse et de vin; dans cette salle tout à l'heure éclatante de lumières, de rires et de parfums savoureux, la solitude, le silence et une odeur fade. — Des meubles dorés qui ont l'air de ne connaître personne et de ne pas même se connaître entre eux; pas un de ces objets familiers qui retiennent autour d'eux quelque chose de la vie du maître absent et semblent attendre son retour; en un mot l'abandon.

MONTRICHARD.

C'est exact.

PAULINE.

Eh bien! mon cher, notre existence ressemble à celle de ce cabinet de restaurant : des fêtes ou l'abandon, pas de milieu. Vous étonnerez-vous que l'hôtellerie aspire à devenir la maison?

MONTRICHARD.

Sans parler d'un certain appétit de vertu que vous avez dû contracter à la longue?

PAULINE.

Vous croyez rire?

MONTRICHARD.

Non pas! La vertu pour vous c'est du fruit nouveau, je dirais presque du fruit défendu. — Mais je vous préviens qu'il vous agacera les dents.

PAULINE.

Nous verrons.

MONTRICHARD.

C'est un rude labeur, ma chere, que la vie d'une honnête femme !

PAULINE.

Ce n'est qu'un jeu au prix de la nôtre. Si l'on savait ce qu'il nous faut d'énergie pour ruiner un homme !

MONTRICHARD.

Enfin, n'importe, vous voilà comtesse de Puygiron. Que signifie la nouvelle de votre mort que donne le *Constitutionnel?*

PAULINE.

C'est une note que ma mère a fait mettre dans tous les journaux.

MONTRICHARD.

Comment va-t-elle cette bonne Irma?

PAULINE.

Très-bien. Elle est heureuse. En me mariant je lui ai donné tout ce que je possédais, meubles, bijoux, rentes.

MONTRICHARD.

Çà l'a consolée de vous perdre... Mais pourquoi cette mort supposée?

PAULINE.

Ne fallait-il pas dépister les gens? Grâce à mon trépas, personne n'osera reconnaître Olympe Taverny dans la comtesse de Puygiron. Toi-même, mon cher, tu m'aurais encore fait tes excuses si j'avais voulu nier mordicus, et je l'aurais fait si tu n'avais pas donné des arrhes.

MONTRICHARD.

Suppose pourtant que tu sois rencontrée par un de tes amis qui ait connu ta liaison avec le comte?

PAULINE.

Personne ne l'a connue.

MONTRICHARD.

Bah?

PAULINE.

Henri m'a prise tout de suite au sérieux; il faisait de la discrétion à mon endroit... Didier et Marion Delorme, quoi! Tu comprends : j'ai pris la balle au bond, j'ai joué mon jeu. J'ai parlé d'entrer au couvent, il m'a demandé ma main, et je la lui ai accordée. J'ai feint un départ pour la Californie, et j'ai été rejoindre Henri en Bretagne, où je l'ai épousé, il y a un an, sous mon vrai nom de Pauline Morin.

MONTRICHARD.

C'est donc un pur imbécile?

PAULINE.

Insolent! C'est un jeune homme très-instruit et charmant.

MONTRICHARD.

Alors comment se fait-il?...

PAULINE.

Il n'avait jamais eu de maîtresse; son père le tenait très-sévèrement; à sa majorité, il était aussi naïf que...

MONTRICHARD.

Que toi... à quatre ans. Pauvre garçon!

PAULINE.

Il est bien à plaindre! je le rends complétement heureux!

MONTRICHARD.

Est-ce que vous l'aimez?

PAULINE.

Ce n'est pas la question. Je sème sa vie de fleurs... artificielles, si vous voulez; mais ce sont les plus belles et les plus solides. Trouvez-moi dans la nature une rose aussi parfaite que celles de Batton.

MONTRICHARD.

Soit! mais elles ne sentent rien.

PAULINE.

Henri est enchiffrené... et j'entretiens son rhume.

MONTRICHARD.

Joli passe-temps!..... Voyons, ma chère, la main sur la con-science, trouvez-vous que le jeu en vaille la chandelle?

PAULINE.

Jusqu'à présent, non! Nous avons passé dix mois en Bretagne dans le tête-à-tête le plus complet; nous voyageons depuis deux mois dans le plus complet tête-à-tête... je ne peux pas dire que ce soit d'une gaieté folle. Je vis en recluse nomade, transférée d'auberge en auberge, comtesse pour mes domes-tiques, les servantes et les postillons. J'aurais fait un triste rêve s'il n'y avait que cela dans mon rêve... mais il y a autre chose! Maintenant qu'Olympe Taverny (Dieu ait son âme) a eu le temps d'aller en Californie, d'y mourir, et d'être pleurée à Paris, je peux entrer hardiment dans le monde par la grande porte, et c'est le marquis de Puygiron qui me l'ouvrira.

MONTRICHARD.

Votre mari va vous présenter à son oncle?

PAULINE.

Ah! bien, oui! il ne s'attend seulement pas à la rencontre que je lui ai ménagée.

MONTRICHARD.

Eh bien, voilà un brave garçon pris dans un joli piége!

PAULINE.

Bah! c'est pour son bonheur! je lui rends une famille. D'ail-leurs, en me présentant comme une honnête femme, je ne mentirai pas. Depuis un an, je suis la vertu même. J'ai fait peau neuve.

MONTRICHARD.

Vous n'avez pu qu'y perdre, comtesse.

PAULINE.

Vous êtes un impertinent. — Voilà mon mari.

SCÈNE VI.

LES MÊMES, HENRI.

MONTRICHARD.

Faites-moi la gràce, madame, de me présenter à monsieur le comte.

PAULINE.

Monsieur le baron de Montrichard, mon ami.

HENRI, saluant.

Monsieur...

PAULINE.

Nous venons de faire connaissance d'une façon assez étrange. Monsieur de Montrichard, en me voyant entrer, m'a prise pour cette personne... vous savez... à qui on prétend que je ressemble...

MONTRICHARD.

La méprise était d'autant plus inexcusable que cette personne est morte en Californie, et que je ne crois pas aux revenants.

PAULINE.

Elle est morte, la pauvre fille? Ma foi, je n'ai pas le courage de la pleurer ; il faut espérer que désormais on ne me confondra plus avec elle.

HENRI.

Prenez garde, madame; monsieur de Montrichard est peut-être plus sensible que vous à cette perte.

MONTRICHARD.

J'en conviens, monsieur ; c'était une femme dont je faisais le plus grand cas. Elle avait le cœur fort au-dessus de sa destinée.

HENRI.

Ah! — Sans doute monsieur a été en position de l'apprécier mieux que personne ?

MONTRICHARD.

Non, monsieur, non. Je n'ai jamais eu avec elle que des relations très-courtes et très-amicales.

HENRI, lui serrant la mam avec effusion.

Je suis ravi, monsieur, de vous avoir rencontré... Il ne tiendra qu'à vous que nous devenions amis.

MONTRICHARD.

Monsieur ! (A part.) Il me fait de la peine.

SCÈNE VII.

LES MÊMES, UN DOMESTIQUE.

LE DOMESTIQUE, entrant.

Il y a là deux messieurs qui demandent monsieur de Montrichard.

MONTRICHARD, à part.

Ah ! ah ! les témoins du jeune Baudel. (Haut.) C'est bien, j'y vais. (A Henri.) J'espère, monsieur le comte, que nous reprendrons bientôt cette conversation. — Madame !

HENRI, à part, voyant entrer le marquis.

Mon oncle !

MONTRICHARD, rencontrant le marquis à la porte.

Monsieur le marquis, vous allez vous trouver en famille. (u sort.)

SCÈNE VIII.

PAULINE, HENRI, LE MARQUIS, LA MARQUISE.

LE MARQUIS.

C'est Henri ! — Ah ! cher enfant de mon cœur, la bonne surprise. (Il lui tend les bras, Henri l'embrasse et baise la main de la marquise.) Trois ans sans venir voir les exilés ! dont un sans leur écrire, ingrat !

LA MARQUISE.

Qu'importe ! les affections de famille ne s'éteignent pas comme les autres par l'absence et le silence. A deux cents lieues d'intervalle nous avons été frappés du même malheur, nous avons porté le même deuil.

LE MARQUIS.

Nous t'attendions presque après la mort de ton pauvre père.

Il nous semblait que tu devais avoir besoin de te serrer contre nous.

HENRI.

Je me suis trouvé bien seul en effet, et j'ai songé à vous ; mais des affaires importantes...

LE MARQUIS.

Oui, je comprends... une succession à recueillir... C'est le côté le plus triste des douleurs humaines, qu'elles ne puissent s'abstraire des intérêts matériels. Enfin, te voilà, sois le bienvenu.

LA MARQUISE.

Comment avez-vous su que nous étions ici ?

HENRI.

Mais... j'avoue que je l'ignorais... Je comptais vous trouver à Berlin en achevant mon tour d'Allemagne.

LE MARQUIS.

Eh bien, vive le hasard ! si c'est lui qui nous réunit ; nous te tenons, nous ne te lâchons pas.

HENRI.

Je serais heureux de passer quelques jours auprès de vous... mais je ne fais que traverser Pilnitz... et je repars dans une heure...

LE MARQUIS.

Allons donc !

HENRI.

Une affaire impérieuse...

LE MARQUIS.

Tu me la donnes belle ! Il n'y a pas d'affaire qui puisse t'empêcher...

HENRI.

Pardonnez-moi.

LE MARQUIS, apercevant Pauline.

Ah ! c'est autre chose ! (Bas à Henri.) Tu voyages en compagnie?... Bien ! bien ! c'est de ton âge. (Haut.) Puisque tu n'as qu'une heure à nous donner, passons-la du moins ensemble, chez nous. Notre hôtel est à deux pas. Offre le bras à ta tante. (Henri donne le bras à la marquise, ils font quelques pas vers la porte.)

PAULINE.

Henri, je t'attends ici.

LE MARQUIS.

Vous manquez de tact, mademoiselle.

HENRI, traversant la scène et prenant la main de Pauline.

La comtesse de Puygiron, mon oncle.

LA MARQUISE.

La comtesse de Puygiron !

LE MARQUIS.

Vous êtes marié ?

HENRI.

Oui, mon oncle.

LE MARQUIS.

Comment se fait-il, monsieur, que je n'en aie rien su, moi, le chef de la maison ?

HENRI.

Permettez-moi de ne pas aborder une explication qui mettrait mon respect aux prises avec ma dignité. Je ne vous cherchais pas à Pilnitz, et je n'ai pas l'intention de vous y braver par ma présence ; mais en vous cédant la place, je crois faire tout ce que vous pouvez attendre de ma déférence.

LE MARQUIS.

Il ne s'agit pas ici de déférence, monsieur ! Il y a dans les familles une solidarité d'honneur dont on ne s'affranchit pas à son caprice. Demandez-moi ce que j'ai fait de notre nom ; je vous répondrai que je l'ai toujours porté avec respect et que je ne l'ai taché que de mon sang. A mon tour, j'exige de vous le même compte.

HENRI.

Vous exigez?... En épousant Pauline, j'ai rompu le pacte de famille, et j'ai le droit d'en rejeter les servitudes puisque je n'en réclame pas les privilèges.

LA MARQUISE.

Henri, mon enfant, ne trouvez-vous pas de paroles plus conciliantes?

LE MARQUIS.

Eh! madame, croyez-vous que ce soit lui qui parle? Ne voyez-

vous pas qu'on lui a soufflé un esprit de révolte contre tout ce
qu'il respectait?

HENRI.

Vous vous trompez, monsieur; je respecte toujours ce qui est
véritablement respectable. Mais les préjugés du monde, ses
conventions absurdes, ses hypocrisies, ses tyrannies; non,
rien ne m'empêchera de les mépriser et de les haïr!

LE MARQUIS.

Qui donc avez-vous épousé pour haïr la société?

HENRI.

Permettez-moi de ne pas répondre.

PAULINE.

Pourquoi ne pas le dire, mon ami? voulez-vous laisser croire
à votre oncle que votre mariage est pis qu'une mésalliance?
cette pensée le tuerait. Je vais, si vous le voulez bien, rassurer
son honneur inquiet... après quoi, nous partirons.

HENRI.

A la bonne heure! (Il remonte un peu.)

PAULINE.

Je m'appelle Pauline Morin, monsieur le marquis; je suis fille
d'un honnête fermier.

LE MARQUIS.

Vous, fille d'un fermier? avec ce langage, cette élégance?

PAULINE.

La tendresse aveugle de ma mère m'a donné, pour mon malheur, une éducation au-dessus de ma naissance.

LE MARQUIS.

C'est possible. Venez, marquise. (Il donne le bras à sa femme et
remonte vers le fond.)

PAULINE.

Restez... C'est à moi de me retirer puisque ma présence vous
est odieuse.

LE MARQUIS.

Vous ne prétendez pas sans doute être accueillie par une
famille où vous êtes entrée à la dérobée? (Mouvement d'Henri.)

PAULINE.

Pourquoi pas furtivement ? Dites toute votre pensée, monsieur le marquis ! mon mariage doit vous sembler un miracle d'astuce et de rouerie.

LE MARQUIS.

Il n'y a pas eu besoin de miracle contre l'inexpérience d'un enfant.

HENRI.

Mais elle voulait me fuir dans un couvent !

PAULINE.

C'était une comédie et une comédie grossière... Qui espérez-vous persuader de ma sincérité ? Qui admettra qu'une fille du peuple rencontrant chez vous les élégances d'esprit et les délicatesses de cœur qu'elle avait rêvées, vous ait donné toute son âme ? Vous avez été bien naïf de le croire ; demandez à votre oncle. Si je vous avais véritablement aimé, j'aurais refusé d'être votre femme... n'est-ce pas, monsieur le marquis ?

LE MARQUIS.

C'est vrai.

HENRI.

Croyez-vous qu'elle n'ait pas refusé ? tout ce que vous auriez pu me dire contre ce mariage, elle me l'a dit.

PAULINE.

Ce n'était pas votre bonheur seulement que je défendais, c'était aussi le mien. Vous croyez que j'ai fait un beau rêve, monsieur le marquis ? Si vous saviez ce que je souffre ! Mais je n'ai pas le droit de me plaindre, j'avais prévu ce qui arrive ; (à Henri) j'avais demandé à Dieu un an de ton amour en échange du bonheur de toute ma vie... il a tenu le marché, et il m'a fait la bonne mesure puisque tu m'aimes encore.

HENRI.

Je t'aime encore ?... je t'aime comme au premier jour !

PAULINE.

Pauvre ami ! vous ne vous rendez pas compte de ce qui se passe en vous ! j'ai peut-être tort de vous le dire... mais je n'avance votre clairvoyance que d'une heure. Votre amour s'est fatigué dans la lutte impossible que vous avez entreprise contre les lois du monde; vos traditions de famille, que vous avez foulées aux pieds et que vous appelez encore des préjugés, se redressent peu à peu...

LA MARQUISE, bas au marquis.

Ce doit être vrai.

PAULINE.

Vous résistez, vous vous indignez de trouver votre bonheur inégal à votre sacrifice; mais chaque jour le bonheur diminue et le sacrifice augmente. En sortant d'ici, vous sentirez nettement le poids de la solitude qui vous entoure; vous regarderez avec d'autres yeux la femme qui doit vous tenir lieu pour toujours de famille, d'amis, de société... et bientôt le regret des biens que vous m'avez sacrifiés se changera en remords.

LA MARQUISE, bas au marquis.

Ce n'est pas le langage d'une intrigante.

PAULINE.

Mais sois tranquille, ami, ce jour-là je te rendrai tout ce que tu as perdu pour moi, et ton amour aura été ma vie entière.

HENRI.

Qui peut t'entendre et ne pas t'adorer?

LA MARQUISE.

Pauvre femme!

PAULINE.

Adieu, monsieur le marquis; pardonnez-moi l'honneur que j'ai de porter votre nom... je le paie assez cher.

LA MARQUISE, bas au marquis.

Dites-lui une parole moins dure.

LE MARQUIS.

Le principe inflexible qui a régi ma vie entière nous sépare, madame, et je le regrette.

PAULINE.

Merci! je pars bien fière, j'emporte l'estime du Grand marquis!

LE MARQUIS.

Vous connaissez mon nom de guerre?

PAULINE.

Ne suis-je pas fille d'un Vendéen?

HENRI, à part.

Que dit-elle?

LA MARQUISE.

Fille d'un Vendéen?

PAULINE.

Mort au champ d'honneur.

LE MARQUIS.

Dans quelle rencontre?

PAULINE.

A Chanay.

LE MARQUIS.

Je n'y étais pas, mais les nôtres s'y sont comportés héroïque-
ment!... Comment dites-vous que s'appelait votre père?

PAULINE.

Yvon Morin.

LE MARQUIS.

Je ne me souviens pas...

PAULINE.

Je le crois... c'était le plus humble soldat de la cause que
vous défendiez.

LE MARQUIS.

Nous étions tous égaux, tous anoblis par la fidélité, et s'il y
a eu des distinctions, c'est la mort qui les a faites. (A Henri.) Pourquoi ne m'as-tu pas dit que tu as épousé la fille d'un Vendéen?
ce n'est pas une mésalliance cela!... Votre père a déjà mêlé son
sang au nôtre, comtesse.

PAULINE.

Oh! monsieur le marquis!

LE MARQUIS.

Votre oncle! (Il lui ouvre les bras, elle s'y jette.)

LA MARQUISE, tendant la main à Pauline qui la baise.

Je savais bien qu'Henri ne pouvait avoir fait un mariage
indigne de lui.

LE MARQUIS, à Henri.

Il ne s'agit plus de départ, j'espère?

HENRI.

Mon oncle...

LE MARQUIS.

Pars si tu veux, nous gardons ta femme... Venez à notre auberge, comtesse, je veux vous présenter à ma petite-fille... Il
faudra bien que ce fier gentilhomme vous suive.

HENRI.

Eh bien, oui! mais j'ai quelques mots à dire à Pauline....Nous
vous rejoindrons, mon oncle.

LE MARQUIS.

A ton aise, mon ami; mais ne nous fais pas trop attendre...
Nous ne nous mettrons pas à table sans toi... (il leur serre les mains
et remonte vers la porte.) C'est au *Lion-d'Or*. (il sort avec la marquise.)

SCÈNE IX.

PAULINE, HENRI.

HENRI.

Jure-moi que tu ignorais la présence de mon oncle à Pilnitz,
jure-le moi sur ta vie!

PAULINE.

Sur ma vie, sur la tête de ma mère! Quelle mauvaise pensée
t'a traversé l'esprit?

HENRI.

Pardonne-moi! mais, tu l'as deviné, je souffre, je vais quel-
quefois jusqu'à douter de toi; et ce roman que tu as si vite
imaginé...

PAULINE.

Tu crois qu'il était préparé?

HENRI.

Je l'ai craint un moment, et mon cœur s'est serré.

PAULINE.

Pauvre enfant! tu as pensé que je voulais entrer dans ta
famille, que je voulais être comtesse pour tout de bon?

HENRI.

Oui.

PAULINE.

Je ne t'aurais donc épousé que par ambition? O Henri! A quoi tient ton estime pour moi?

HENRI.

Ne m'en veuille pas; j'ai l'esprit malade.

PAULINE.

Je le sais, et c'est pourquoi j'ai voulu te rendre ta famille, car je sens bien que mon amour ne te suffit plus... Mais plutôt que d'encourir un soupçon de toi, je vais dire toute la vérité à ton oncle.

HENRI.

Elle le tuerait... elle le tuerait!... (Il tombe assis sur le divan.)

PAULINE.

D'ailleurs, nous partirons après-demain... demain, si ce mensonge te pèse...

HENRI.

Oui! Tu l'as fait dans une intention pieuse, et je t'en remercie; mais je n'ai pas le droit de violer les préjugés de mon oncle, et surtout de les violer à l'abri d'une supercherie. Chaque serrement de main, chaque mot que tu échangerais avec ma famille serait un abus de confiance dont je rougirais.

PAULINE, l'entourant de ses bras.

Nous partirons ce soir..... Chassez les nuages de votre beau front, mon enfant adoré! je ne demande pas mieux que de ne vous partager avec personne. Allons, venez! venez rejoindre ces pauvres gens à qui vous enviez la joie que je leur procure.

HENRI.

Tu es un ange!

PAULINE.

C'est toi qui m'as donné des ailes! (Elle lui donne mignardement le bras; Henri l'embrasse au front. — A part.) Me voilà comtesse!

FIN DU PREMIER ACTE.

ACTE DEUXIÈME

A Berlin, chez le marquis.

Le salon de famille. — Vaste pièce dans le style du temps de Louis XIII, à pans coupés, lambrissée du haut en bas de chêne sculpté. — Porte au fond, portes latérales au second plan; dans le pan coupé, à gauche, une grande cheminée, au-dessus de laquelle est le portrait en pied de la marquise; de chaque côté du portrait une torchère à cinq bougies. — Dans le pan coupé, à droite, une fenêtre à embrasure profonde, sur le premier plan, un miroir de Venise.

SCÈNE PREMIÈRE.

LA MARQUISE et GENEVIÈVE, assises sur le devant de la scène, à gauche, et travaillant à des ouvrages de femmes; LE MARQUIS, assis, au fond, devant la cheminée; PAULINE, à demi étendue sur une causeuse à droite.

LA MARQUISE.

N'oubliez pas, Tancrède, que nous dînons ce soir chez madame de Ransberg.

LE MARQUIS, se levant.

Je n'aurais garde. Vous savez que madame de Ransberg est ma passion.

LA MARQUISE.

Et je crois que vous êtes payé de retour. Si elle avait seulement une trentaine d'années de plus, je serais jalouse.

GENEVIÈVE.

Au contraire, grand'maman! c'est parce qu'elle a vingt ans. il me semble...

LA MARQUISE.

Qu'elle ne peut pas lutter avec moi, qui en ai soixante.

2.

GENEVIÈVE.

Vous croyez que la victoire est du côté des gros bataillons?

LA MARQUISE.

En fait d'amitié, oui.

LE MARQUIS.

Je lui sais bon gré à cette chère petite baronne de l'accueil qu'elle a fait à notre Pauline.

GENEVIÈVE.

A ce compte, vous pourriez étendre votre reconnaissance à toute la société de Berlin.

LE MARQUIS.

Je ne dis pas non. J'ai été touché et flatté, je n'en disconviens pas, des honneurs qu'on a rendus à mon pavillon.

GENEVIÈVE.

Dirait-on pas qu'il couvrait de la contrebande?

LE MARQUIS.

Tu as raison... La fatuité m'emporte, je fais comme l'âne chargé de reliques.

GENEVIÈVE, se levant.

Vous entendez, Pauline?

PAULINE, sortant de sa rêverie.

Quoi donc?

GENEVIÈVE.

Tant pis pour vous! vous perdez un beau madrigal... Cela vous apprendra à ne jamais être de la conversation.

PAULINE.

Je suis souffrante.

LA MARQUISE.

Encore!

GENEVIÈVE.

Vous êtes toujours souffrante!

PAULINE.

Ce n'est rien... (A part.) L'ennui!

LE MARQUIS, s'asseyant près de la marquise.

Nous vous avons fait coucher trop tard hier. Vous n'avez pas l'habitude de veiller.

PAULINE.

C'est vrai.

GENEVIÈVE.

La soirée était si amusante!

PAULINE, à part.

Comme la pluie.

GENEVIÈVE.

Madame de Rosenthal est si gaie! Il semble qu'elle souffle sa gaieté à tout le monde. Nous avons fait la partie de vingt-et-un la plus bruyante! Le whist des anciens a dû s'en émouvoir.

LA MARQUISE.

Le chevalier de Falkenstheim, mon partner, coupait mes rois à tout bout de champ...

LE MARQUIS.

Et il s'en excusait sur les éclats de rire de Pauline, qui le troublaient.

GENEVIÈVE.

C'est bien d'un sourd qui fait la fine oreille! Pauline n'a pas desserré les dents... ce qui ne l'a pas empêchée de gagner des sommes folles.

LA MARQUISE.

Vraiment?

PAULINE.

Folles... cent francs au moins.

LE MARQUIS.

C'est joli, dans une partie à vingt sous le jeton. Mais je soupçonne que vous n'aimez pas le jeu.

PAULINE.

J'en conviens, monsieur le marquis, je n'aime pas le jeu... (A part.) A 20 sous.

GENEVIÈVE.

Pauline est une personne grave qui s'ennuie dans le monde, n'est-ce pas?

LA MARQUISE.

Cependant vous vous faisiez une fête d'y aller.

PAULINE.

Je me le figurais autrement qu'il n'est.

LE MARQUIS.

Vous avez un caractère trop sérieux pour votre âge, ma chère nièce.

PAULINE.

Peut-être.

LA MARQUISE.

Mais le monde ne se compose pas uniquement de frivolités. Pourquoi, si vous vous ennuyez dans le camp de la jeunesse, ne venez-vous pas dans celui des gens mûrs? vous trouveriez là une conversation solide et intéressante.

PAULINE.

Mon Dieu, madame, je l'avoue à ma honte : la plupart des choses dont on parle dans le monde ne m'intéressent pas. Je suis une sauvage, j'ai trop vécu dans notre rude Bretagne.

LE MARQUIS.

Nous vous civiliserons, chère enfant. — Quel temps fait-il ?

GENEVIÈVE, allant à la croisée.

Superbe !

LA MARQUISE.

Cela ne durera pas.

LE MARQUIS.

Est-ce que votre blessure vous fait souffrir ?

LA MARQUISE.

Un peu.

PAULINE.

Quelle blessure ?

GENEVIÈVE, redescendant en scène.

Vous ne savez donc pas que grand'maman est un ancien militaire ?

LE MARQUIS.

Geneviève, vous perdez le respect.

GENEVIÈVE.

Je vous ai déplu, bonne maman ?

LA MARQUISE.
Non, ma fille.

LE MARQUIS.
Vous lui passez tout, ma chère; elle devient trop familière

LA MARQUISE.
Eh, mon ami, la familiarité est la menue monnaie de la ten
dresse. Nous sommes trop vieux pour thésauriser.

LE MARQUIS.
Soit! mais cette enfant vous parle comme je n'oseraïs pas le
faire, moi.

GENEVIÈVE.
C'est entre bonne maman et moi, grand-papa; cela ne vous
regarde pas.

LA MARQUISE.
Geneviève, vous vous oubliez...

GENEVIÈVE.
Ah! vous voyez bien que vous êtes aussi sévère que grand-
papa. — Vous ai-je fâché, grand-papa?

LE MARQUIS.
Non, ma fille; je te permets avec moi certaines choses...

GENEVIÈVE.
Ah! vous voyez bien que vous êtes aussi indulgent que bonne
maman. (Elle l'embrasse.)

LE MARQUIS.
L'enfant se joue de nous, marquise.

GENEVIÈVE, leur prenant la main.
Pardonnez-moi ma petite ruse; j'ai voulu expérimenter ce
que m'a dit Henri, du respect que vous avez l'un pour l'autre.

LE MARQUIS.
Cela t'étonne que je respecte ta grand'mère?

GENEVIÈVE.
Oh! non; mais je n'avais pas encore pris garde à quel point...
c'est Henri qui me l'a fait remarquer. Comme c'est beau, me
disait-il, ces deux existences qui se sont appartenu tout
entières l'une à l'autre! Ces deux vieillesses sans tache! ces
deux cœurs qui ont traversé la vie ensemble et dans lesquels

la vie n'a déposé qu'une vénération mutuelle! Le chef et la
sainte de la famille!

PAULINE, à part.

Philémon et Baucis.

GENEVIÈVE.

Et une larme est venue dans ses yeux... une larme d'atten-
drissement et d'admiration.

LA MARQUISE.

Cher Henri!

LE MARQUIS.

Il a dit vrai, ma fille : ta grand'mère est une sainte.

LA MARQUISE.

Tancrède... ce n'est pas à vous de me canoniser.

LE MARQUIS.

Vous demandiez l'histoire de cette blessure, Pauline? La voici :
La marquise m'avait suivi au château de la Pénissière... Vous
savez les circonstances de ce siège terrible. Quand l'incendie
nous força d'abandonner le château, nous fîmes notre retraite
en combattant jusqu'à la lisière d'un bois où nous nous disper-
sâmes après avoir essuyé une dernière décharge. J'arrivai avec
la marquise à une ferme où j'étais sûr de trouver un asile; en
frappant à la porte, elle s'évanouit, et je m'aperçus alors qu'elle
avait le bras cassé d'un coup de feu. Tant que nous avions été
en danger, elle n'avait pas poussé une plainte, de peur de retar-
der ma fuite. (Lu: tendant la main.) O chère femme! cette balle
reçue sans un soupir te sera comptée dans le ciel!

LA MARQUISE.

Je ne l'espère pas, mon ami : vous me l'avez payée sur la
terre.

PAULINE.

Admirable héroïsme. (A part.) Posent-ils tous les deux!

GENEVIÈVE.

Je voudrais avoir soixante-dix ans et avoir fait cela!

LA MARQUISE.

Tu le ferais dans l'occasion, j'en suis sûre.

GENEVIÈVE.

Oui, je vous le jure!... et Pauline aussi.

LA MARQUISE.

Sans doute... elle est Bretonne.

PAULINE, à part.

Ils finissent par croire que c'est arrivé.

UN DOMESTIQUE.

La voiture est attelée.

LE MARQUIS, à la marquise.

Venez, ma chère... (A Geneviève et à Pauline.) Nous reviendrons vous prendre pour dîner... Habillez-vous, mesdames.

GENEVIÈVE.

Oh! nous avons le temps.

PAULINE.

Est-ce que je ne peux pas me dispenser de ce dîner?

LE MARQUIS.

Impossible, mon enfant : c'est en votre honneur qu'on le donne.

PAULINE, à part.

Quel ennui! (Le marquis et la marquise sortent.)

SCÈNE II.

PAULINE, GENEVIÈVE.

PAULINE.

Où vont-ils donc tous les jours, à la même heure, en tête à tête?

GENEVIÈVE.

Ils vont soi-disant à la promenade, mais personne ne les y rencontre.

PAULINE.

Quel mystère!

GENEVIÈVE.

Oh! j'en sais le fin mot, mais je ne fais pas semblant de le savoir... Ils vont visiter les pauvres.

PAULINE.

Allons donc! est-ce que l'on se cache pour cela?

GENEVIÈVE.

La charité ne doit-elle pas être pudique?

PAULINE.

Sans doute... sans doute... (A part.) Ma parole, je vis à tâtons avec ces gens-là... je me casse le nez à chaque instant.

GENEVIÈVE.

Où donc est Henri?

PAULINE.

Je n'en sais rien... Chez les pauvres, probablement.

GENEVIÈVE.

Il a l'air triste depuis quelque temps.

PAULINE.

Il n'a jamais été gai... C'est un jeune homme mélancolique.

GENEVIÈVE.

Vous ne lui connaissez pas de chagrin?

PAULINE.

Ma chère, la mélancolie vient de l'estomac. Voyez si les gens bien portants sont tristes.... Monsieur de Montrichard, par exemple...

GENEVIÈVE.

Il doit avoir un bien bon estomac.

PAULINE.

Quelle verve! quelle gaieté!

GENEVIÈVE.

Il est amusant.

PAULINE.

Et brave comme son épée... En voilà un qui rendra sa femme heureuse!

GENEVIÈVE.

Vous dites cela comme si vous n'étiez pas heureuse avec Henri?

PAULINE.

Très-heureuse! Henri est charmant. Mais madame de Montrichard n'aura rien à m'envier... et je voudrais que ce fût vous.

GENEVIÈVE.

Moi?

PAULINE.

N'avez-vous pas remarqué que monsieur de Montrichard vous
regarde beaucoup?

GENEVIÈVE.

Non. Est-ce qu'il vous l'a dit?

PAULINE.

Quoi?

GENEVIÈVE.

Qu'il me regarde beaucoup?

PAULINE.

Je m'en suis bien aperçue... Il est manifeste qu'il est amoureux de vous.

GENEVIÈVE.

Vous intéressez-vous à lui?

PAULINE.

Oui, parce que je vous aime.

GENEVIÈVE.

Eh bien, chargez-vous de le décourager.

PAULINE.

Pourquoi?... Vous déplaît-il?

GENEVIÈVE.

Non, pas plus qu'un autre; mais je veux rester fille.

PAULINE.

Vous m'étonnez... Je ne vous croyais pas d'une dévotion in-
compatible avec le mariage.

GENEVIÈVE.

Ce n'est pas par dévotion... c'est une idée comme cela.

PAULINE.

Vous aimez donc quelqu'un que vous ne pouvez pas épouser?

GENEVIÈVE.

Je n'aime personne... d'amour...

PAULINE.

Vous rougissez... (L'attirant vers elle.) Voyons, Geneviève, ayez
confiance en moi; ne suis-je pas votre amie?

GENEVIÈVE.

Je n'aime personne, je vous le jure.

PAULINE.

Alors vous avez aimé quelqu'un?

GENEVIÈVE.

Laissons cela. (Se dégageant des bras de Pauline.) Je ne dois pas me marier, voilà tout. (Elle s'approche du canapé à droite.)

PAULINE.

Ah! je comprends. (A part.) Bonne affaire pour Montrichard. (Haut.) Eh bien, ma chère, monsieur de Montrichard n'est pas de ces esprits étroits qui ne pardonnent pas un enfantillage à une jeune fille. (Elle vient près d'elle.)

GENEVIÈVE.

Un enfantillage?

PAULINE.

C'est l'homme qu'il vous faut. Il ne vous fera jamais un reproche, et si quelqu'un s'avise de la moindre allusion...

GENEVIÈVE.

A quoi?

PAULINE.

A ce que vous n'osez pas me dire... Ne rougissez pas, ma toute belle. (Elle la fait asseoir.) Quelle est la jeune fille qui n'a pas été imprudente une fois dans sa vie? On rencontre un beau jeune homme au bal; on se laisse serrer le bout des doigts, on répond peut-être à un billet... (Geneviève fait un mouvement pour se lever, Pauline la retient.) tout cela le plus innocemment du monde, et on se trouve compromise sans avoir fait de mal.

GENEVIÈVE.

Un billet... compromise, moi?

PAULINE.

Que signifie alors que vous ne devez pas vous marier?

GENEVIÈVE, avec hauteur.

Cela signifie, madame, qu'il y a de par le monde un homme que j'ai été élevée à regarder de loin comme mon mari, et... Mais vous ne me comprendriez pas, puisque vous êtes capable d'un pareil soupçon. (Elle lui tourne le dos.)

PAULINE.

Pardonnez-moi si je vous ai offensée, mon enfant; mais vos réticences ne laissaient de place qu'à cette conjecture, et vous avez vu que mon amitié cherchait encore à l'atténuer.

GENEVIÈVE, lui tendant la main.

C'est vrai... j'ai tort...

PAULINE.

Voyons, du courage. Il y a donc dé par le monde un homme que vous avez été élevée à regarder de loin comme votre mari...

GENEVIÈVE.

Je lui ai donné tout ce qu'on peut donner de son âme à un fiancé inconnu, mon respect et ma soumission. C'est à lui qu'à son insu j'ai toujours rapporté mes actions et mes sentiments; j'ai été sa compagne dans le secret de mes pensées; enfin, que vous dirais-je? Il me semble que je suis veuve.

PAULINE.

Il est donc mort?

GENEVIÈVE.

Il est mort pour moi. Il est marié.

PAULINE.

Oh! les hommes!

GENEVIÈVE.

Il me connaissait à peine; il a rencontré une femme digne de lui; il l'a épousée, il a bien fait.

PAULINE.

Eh bien! faites comme lui.

GENEVIÈVE.

Oh! moi, c'est différent.

PAULINE.

Vous l'aimez donc encore?

GENEVIÈVE.

Si j'avais jamais eu de l'amour pour lui, je n'en aurais plus depuis qu'il est le mari d'une autre.

PAULINE.

Alors, je ne comprends pas.

GENEVIÈVE.

Je n'aime personne, je vous le jure,

PAULIN

Alors vous avez aimé quelqu'un

GENEVIÈVE.

Laissons cela. (se dégageant des bras Paulin.) Je ne dois pas me marier, voilà tout. (elle s'approche du canapé à droite.)

PAULIN

Ah! je comprends. (A part.) Bonne affaire pour Montrichard. (Haut.) Eh bien, ma chère, monsieur de Montrichard n'est pas de ces esprits étroits qui ne pardonnent pas jeune fille. (Elle vient près d'elle.)

GENEVIÈVE.

Un enfantillage?

PAULIN.

C'est l'homme qu'il vous faut. Ne vous fera jamais un reproche, et si quelqu'un s'avise de ndre allusion...

GENEVI

A quoi?

PAULIN.

A ce que vous n'osez pas me dire... Ne rougissez pas, ma toute belle. (elle la fait asseoir.) Quelle est la jeune fille qui n'a pas été imprudente une fois dans sa vie? On rencontre un beau jeune homme au bal; on se laisse serrer le bout des doigts, on répond peut-être à un billet... (Geneviève fait un mouvement pour se lever, Pauline la retient.) tout cela le plus innocemment du monde, et on se trouve compromise sans avoir fait de mal.

GENEVIÈVE.

Un billet... compromise, moi?

PAULIN

Que signifie alors que vous ne pas vous marier?

GENEVIÈVE, avec hauteur.

Cela signifie, madame, qu'il y a de par le monde un homme que j'ai été élevée à regarder depuis comme mon mari, et... Mais vous ne me comprendriez pas, puisque vous êtes capable d'un pareil soupçon. (Elle lui tourne le dos.)

PAULINE.

Pardonnez-moi si je v s ai offensée, mon enfant; mais vos réticences ne laissaient (place qu'à cette conjecture, et vous avez vu que mon amitié erchait encore à l'atténuer.

GENEVI 'E, lui tendant la main.

C'est vrai... j'ai tort..

PAULINE.

Voyons, du courage. I˙ a donc de par le monde un homme que vous avez été élevée egarder de loin comme votre mari...

NEVIÈVE.

Je lui ai donné tout cc u'on peut donner de son âme à un fiancé inconnu, mon res] 't et ma soumission. C'est à lui qu'à son insu j'ai toujours raj rté mes actions et mes sentiments ; j'ai été sa compagne dan e secret de mes pensées ; enfin, que vous dirais-je? Il me sem e que je suis veuve.

PAULINE.

Il est donc mort?

NEVIÈVE.

Il est mort pour moi. I st marié.

PAULINE.

Oh! les hommes!

NEVIÈVE.

Il me connaissait à pe e ; il a rencontré une femme digne de lui ; il l'a épousée, il ien fait.

AULINE.

Eh bien! faites comme ii.

GENEVIÈVE.

Oh! moi, c'est différer

PAULINE.

Vous l'aimez donc encc ?

GENEVIÈVE.

Si j'avais jamais eu de mour pour lui, je n'en aurais plus depuis qu'il est le mari d ie autre.

AULINE.

Alors, je ne comprends as.

GENEVIÈVE.

Moi non plus... mais tenez! j'avais passé trois ans à broder un meuble de tapisserie que, dans ma pensée, je destinais à notre chambre. Quand j'ai appris le mariage de... mon mari, j'ai regardé mon pauvre ouvrage, et je me suis demandé à qui j'en ferais cadeau; il m'a semblé qu'il ne pouvait avoir de prix pour personne, et je l'ai brûlé.—Eh bien, il en est de même de mon cœur.

PAULINE.

Vous l'avez brûlé?

GENEVIÈVE.

Je l'ai fermé.

PAULINE.

Et vous en avez jeté la clef pour plus de sûreté? Soyez certaine que quelqu'un vous la rapportera.

Elles se lèvent.

GENEVIÈVE.

En tout cas, ce ne sera pas monsieur de Montrichard.

PAULINE.

Tant pis pour lui et pour vous.

UN DOMESTIQUE, annonçant.

Monsieur de Beauséjour!

GENEVIÈVE.

Ce sera encore moins celui-là. Il me déplaît outre mesure ce spadassin doucereux... Je vais m'habiller. (Elle sort. Pauline fait signe au domestique de faire entrer.)

SCÈNE III.

PAULINE, BAUDEL.

BAUDEL.

Je mets quelqu'un en fuite?

PAULINE.

Ma cousine.

BAUDEL.

Je le déplorerais si on pouvait regretter quelque chose auprès de vous, comtesse.

PAULINE, s'asseyant sur le canapé.

Trés-galant!

BAUDEL, à part.

Elle est seule! à merveille!... profitons des conseils de Montrichard, et que Buckingham me protége.

PAULINE.

Est-ce que monsieur de Montrichard est malade, que nous voyons Pylade tout seul?

BAUDEL, s'asseyant près d'elle sur une chaise.

Non, madame, non; il doit venir vous présenter ses hommages.

PAULINE.

Savez-vous que votre amitié est digne des temps de la chevalerie?

BAUDEL.

Cimentée dans notre sang... mais je dois une revanche à Montrichard et je crois que je la lui donnerai bientôt.

PAULINE.

Comment? deux inséparables!

BAUDEL.

Que voulez-vous? il est absurde! il m'exaspère! Croiriez-vous qu'il s'obstine à trouver une ressemblance impertinente entre vous...

PAULINE.

Et cette pauvre fille qui est morte en Californie, je sais cela. —Est-ce que vous n'êtes pas de son avis?

BAUDEL.

Il y a quelque chose, j'en conviens... elle vous ressemblait comme l'oie au cygne.

PAULINE.

Merci pour elle!

BAUDEL.

Elle n'avait pas cette grâce, cette distinction, ce cachet aristocratique!

PAULINE.

Montrichard prétend qu'on l'aurait prise pour ma sœur...

BAUDEL.

Votre sœur de laid... l, a, i, d.

PAULINE.

Le mot est charmant..... Mais vous n'êtes pas poli pour les femmes que vous avez aimées... car vous avez aimé cette Olympe, je crois?

BAUDEL, se levant.

Pas du tout! c'est elle qui s'était monté la tête pour moi.

PAULINE.

Vraiment?

BAUDEL.

J'ai eu toutes les peines du monde à lui faire entendre raison : ne parlait-elle pas de s'asphyxier!

PAULINE.

Est-il possible! C'est peut-être le chagrin de vous perdre qui l'a poussée en Californie?

BAUDEL.

J'en ai peur. Mais voilà comme va le monde : nous n'aimons pas celles qui nous aiment, et nous aimons celles qui ne nous aiment pas. Vous vengez cette pauvre créature, madame la comtesse.

PAULINE.

Je croyais vous avoir interdit ce sujet de conversation.

BAUDEL.

Hélas! de quoi voulez-vous que je vous parle?

PAULINE.

De tout le reste, du raout d'hier, si vous voulez.

BAUDEL.

Il était charmant.

PAULINE.

Prenez garde! c'est un piége que je vous tends; je vais juger de votre goût. Comment avez-vous trouvé ma voisine?

BAUDEL.

Laquelle?

PAULINE.

Ma voisine de droite, la maigre, celle qui avait sur la tête toute une autruche... dont les pieds passaient sous sa robe?

BAUDEL.

Ah! ah! vous êtes méchante! Eh bien, je trouve qu'il faut être un naturaliste endiablé pour la classer parmi les mammifères.

PAULINE.

Pas mal. — Et la maîtresse de la maison, avec tous ses diamants?

BAUDEL, à part.

Diable! Montrichard n'a rien dit sur celle-là.

PAULINE.

Eh bien?

BAUDEL.

J'ai trouvé ses diamants superbes.

PAULINE.

Ils ressemblent à ses dents, il y en a la moitié de faux. (Elle se lève.)

BAUDEL, à part.

Quelle transition! (Haut.) Vous vous y connaissez donc, comtesse?

PAULINE.

Toutes les femmes sont des joailliers en chambre.

BAUDEL.

Voulez-vous me dire votre avis sur ce colifichet? (Il tire un écrin de sa poche et l'ouvre.)

PAULINE.

C'est très-beau! la perle du fermoir est magnifique. Mais qu'avez-vous à faire d'une rivière?

BAUDEL.

J'ai à la faire couler aux pieds de... enfin à des pieds.

PAULINE.

De danseuse, je parie?

BAUDEL.

En fait de pieds, ce sont les plus méritants.

PAULINE, à part.

Ces filles-là sont bien heureuses! (Elle fait miroiter la rivière.)

BAUDEL, à part.

C'est vrai qu'elle ressemble à Olympe!

PAULINE.

Vous êtes un mauvais sujet.

BAUDEL.

N'en accusez que vous, madame; ce sont les mauvais souve-
rains qui font les mauvais sujets. (A part.) Allez donc!

PAULINE.

Vous avez trop d'esprit. — Votre collier me semble un peu
étroit.

BAUDEL.

Croyez-vous?

PAULINE.

Tenez! vous allez voir. (Elle l'essaie à son cou.) Non, il est bien.
(A part, se mirant dans la glace.) Comme cela relève le teint!

BAUDEL, à part.

Montrichard avait raison : les grandes dames sont aussi friandes
de bijoux que les petites! — Comme il connaît les femmes cet
être-là! — Amant d'une comtesse, moi! quel rêve! voilà qui
achèverait de me poser dans le monde!

PAULINE, ôtant le collier.

Allez porter ces diamants à votre danseuse.

BAUDEL.

Après qu'ils ont touché votre cou? ce serait une profanation.

PAULINE.

Qu'en ferez-vous donc?

BAUDEL.

Je les conserverai comme un souvenir...

PAULINE.

Mais je n'entends pas cela, je vous le défends!

BAUDEL

Alors, comtesse, il n'y a qu'un moyen : c'est de garder ces
diamants vous-même et de vous résigner à avoir un souvenir

de moi, puisque vous ne voulez pas que j'aie un souvenir de
vous.

PAULINE.

Vous êtes fou. Est-ce que ces choses sont possibles!

BAUDEL.

Pourquoi pas? C'est tout simple. N'accepteriez-vous pas un
bouquet? Des diamants sont des fleurs... qui durent plus longtemps, voilà tout.

PAULINE.

Croyez-vous que mon mari fût de votre avis?

BAUDEL, déposant la boîte sur le guéridon à gauche.

Vous lui diriez que c'est du stras.

PAULINE, à part.

Tiens, je n'y pensais pas! — Ah! je suis folle! j'oublie que
j'ai cent mille livres de rentes. (Haut.) Finissons cet enfantillage, monsieur. Rendez cette rivière au bijoutier qui vous l'a
vendue... voilà qui arrangera tout... (Elle lui met la rivière dans la
main.)

SCÈNE IV.

LES MÊMES, HENRI.

BAUDEL, à part.

Le mari! quelle idée! (Haut.) Bonjour, monsieur le comte;
vous arrivez à propos pour mettre fin à une mystification dont
je suis victime.

HENRI.

Laquelle, monsieur?

BAUDEL.

Madame ne veut-elle pas me persuader que ces diamants sont
du stras?

PAULINE, à part.

Qui aurait cru cela de lui?

HENRI.

Je ne m'y connais pas. (A la comtesse.) Vous avez acheté cela,
madame?

PAULINE.

Oui... pour la monture qui est ancienne... C'est une fantaisie à bon marché.

BAUDEL.

Je me tiens pour battu, madame, et je promets de garder le secret le plus inviolable à ce stras merveilleux... Il est de mon honneur qu'il fasse d'autres dupes que moi. Le porterez-vous ce soir chez madame de Ransberg?

HENRI.

Est-ce que vous y dînez, monsieur?

BAUDEL.

Non, monsieur le comte; mais Montrichard doit me présenter à la soirée. J'espère me dédommager là du contre-temps de votre absence ici, car je suis forcé de vous quitter... (saluant.) Madame la comtesse!... Monsieur le comte!... (A part.) Mes affaires sont en bon chemin! (Il sort.)

SCÈNE V.

HENRI, PAULINE.

HENRI.

Vous avez un grand défaut, Pauline : c'est l'adresse; vous en mettez partout.

PAULINE.

Je ne vois pas...

HENRI.

Ne pouviez-vous pas me déclarer tout franchement que vous désiriez des diamants?

PAULINE, à part.

L'eau va à la rivière... c'est le cas de le dire.

HENRI.

Je ne vous ai jamais rien refusé de raisonnable ; puisque vous allez dans le monde. je comprends qu'il vous faut des parures, et si je ne vous en ai pas donné plus tôt, c'est qu'en vérité je n'y ai pas songé. Mais encore une fois, je n'aime pas les détours.

PAULINE.

Je vous demande pardon, mon ami ; cette exigence de notre position est si futile que j'étais honteuse de vous en parler.

HENRI.

Combien vous faut-il pour cette dépense ?

PAULINE.

Votre mère n'avait-elle pas un écrin ?

HENRI.

Oui.

PAULINE.

Eh bien !

HENRI.

Ses diamants sont devenus des choses saintes par sa mort ; ce ne sont plus des bijoux, ce sont des reliques.

PAULINE, à part.

Comment n'en ai-je pas eu envie plus tôt ! — Je les aurai.

HENRI.

Je mets 50,000 francs à votre disposition : est-ce assez ?

PAULINE.

Merci. (Un silence.)

HENRI, remontant vers la croisée.

Ma tante est sortie ?

PAULINE.

Avec votre oncle. — Puis-je vous demander d'où vous venez vous-même ?

HENRI.

J'ai été me promener dans la campagne.

PAULINE.

Dans ce costume ?

HENRI.

J'en ai changé en rentrant.

PAULINE, le rejoignant

Pourquoi ne m'avez-vous pas emmenée ?

HENRI.

Vous n'aimez que la promenade en voiture et dans les endroits à la mode.

PAULINE.

La campagne doit être bien belle.

HENRI.

Oui.

PAULINE.

Toutes les splendeurs mélancoliques de l'automne.

HENRI.

Quelle robe mettrez-vous ce soir?

PAULINE.

Henri, qu'avez-vous contre moi?

HENRI.

Que puis-je avoir contre vous?

PAULINE.

Je vous le demande... car évidemment vous avez quelque chose. Ma conduite n'est-elle pas irréprochable? Vous ai-je donné un sujet de mécontentement?

HENRI.

Vous aurais-je moi-même manqué d'égards à mon insu?

PAULINE.

Vous me parlez d'égards!

HENRI.

De grâce, madame, laissons les scènes de ménage aux petites gens; vous êtes trop grande dame pour aller sur leurs brisées.

PAULINE.

Je le vois, vos méchants soupçons vous sont revenus.

HENRI.

Je n'ai pas de soupçons.

PAULINE.

C'est une certitude, voulez-vous dire? Parlez, Henri; je suis forte de ma conscience, et j'appelle une explication.

HENRI.

Elle est inutile, madame; vous n'aurez jamais à vous plaindre de mes procédés.

PAULINE.

Mais c'est un refroidissemént complet! Et vous avez cru que je l'accepterais?

HENRI.

Que vous importe ?

PAULINE.

Voyons, Henri, au nom du ciel ! C'est tout notre bonheur qui se joue là ! Soyons de bonne foi tous les deux. Je vais vous donner l'exemple. — Oui, en vous conduisant à Pilnitz, je savais que nous y trouverions votre oncle.

HENRI.

Son intendant m'a en effet parlé d'une lettre que vous lui auriez écrite...

PAULINE, à part.

Je m'en doutais !

HENRI.

Mais je n'en ai rien cru ; vous m'avez juré le contraire sur la tête de votre mère.

PAULINE.

Je l'aurais juré sur la tête de mon enfant, si j'en avais un, car vous m'êtes plus cher que le monde entier, et mon premier devoir, c'est votre bonheur !... J'ai voulu vous faire rentrer malgré vous dans votre milieu naturel, vous rendre votre air respirable, voilà mon crime.

HENRI.

Je vous en suis très-reconnaissant !

PAULINE.

Comme vous dites cela ! Vous figurez-vous, par hasard, que j'aie obéi à un instinct de vanité personnelle ? Que j'aie voulu figurer dans le monde et jouer à la grande dame ? Triste jeu, mon ami ; je ne demande pas mieux que d'en être dispensée.

HENRI.

Je le crois.

PAULINE.

Cette vie factice m'ennuie !

HENRI, s'asseyant.

Je le sais.

PAULINE.

Alors de quoi m'accusez-vous ?

HENRI.

De rien !

PAULINE, s'asseyant près de lui sur un tabouret.

Voyons, monsieur, ne froncez plus le sourcil ; embrassez votre femme, qui n'aime que vous... (Elle lui tend son front, Henri l'effleure de ses lèvres.) Tu m'en voulais d'avoir pris un détour pour te demander des diamants ? Ne m'en donne pas ; je n'en ai pas besoin ; je n'irai plus dans le monde. — Quant à l'écrin de ta mère, pardonne-moi mon étourderie... mon manque de tact. J'aurais dû comprendre que les reliques d'une sainte ne peuvent appartenir qu'à un ange. Garde-les religieusement ; si le ciel nous accorde une fille, tu les lui donneras le jour de son mariage, en lui disant : « Tu peux les porter sans honte, mon enfant, ta mère n'y a pas touché ! » (sanglot étouffé d'Henri.)

PAULINE, à part.

Les diamants sont à moi.

HENRI.

Oh ! un enfant ! un enfant !

PAULINE.

Dieu nous exaucera peut-être !

HENRI, se levant, avec violence.

Ah ! je ne lui demande pas !... Une fille de vous ? elle n'aurait qu'à vous ressembler !...

PAULINE.

Henri !... (Elle veut se lever, Henri la rejette sur son tabouret.)

HENRI.

Silence ! assez de comédie ! Je vous connais trop ! Les vertus dont vous vous pariez, le désintéressement, l'amour, le repentir, tout ce fard est tombé de vos joues dans l'atmosphère pénétrante de la famille ! J'ai vu clair ! je ne suis plus l'enfant que vous avez séduit. (Il passe à droite.)

PAULINE, se levant.

Vous vous rajeunissez, mon cher ; vous aviez l'âge de discernement !

HENRI, douloureusement.

J'avais vingt-deux ans ! Je venais de perdre un père dont la

sévérité avait prolongé mon enfance jusque dans ma jeunesse ;
vous étiez ma première maîtresse, et je ne savais rien de la
vie, sinon ce que vous m'en appreniez. Il vous a été facile de
vous emparer de moi, de me prendre pour marchepied de votre
ambition !

PAULINE.

Mon ambition? montrez-m'en donc les résultats !... Je vous
admire ! on dirait que j'ai mené une vie de plaisirs avec vous !
un an de tête-à-tête...

HENRI.

Oui, vous devez regretter amèrement les ennuis de la route
après les déceptions du but ! Le monde et la famille n'ont pas
tenu ce que vous en attendiez, je le sais, et le spectacle de votre
déconvenue n'a pas peu contribué à m'ouvrir les yeux. Le monde,
votre vanité y reste en souffrance, vous vous y sentez hors de
votre élément, vous y êtes gauche, décontenancée ; vous ne par-
donnez pas aux véritables grandes dames la supériorité de leurs
manières et de leur éducation... (Mouvement de Pauline.) Votre amer-
tume se trahit dans toutes vos paroles !... La famille, vous n'en
comprenez ni la grandeur ni la sainteté ; vous vous y ennuyez
comme l'impie dans une église !

PAULINE, d'un ton bref.

Assez, mon cher ! Puisque vous ne m'aimez plus, car toute
votre diatribe revient à cela, nous n'avons qu'un parti à prendre :
c'est de nous séparer à l'amiable.

HENRI.

Nous séparer? Jamais !

PAULINE.

Me feriez-vous l'honneur de tenir à ma compagnie?

HENRI.

Vous portez mon nom, madame, et je ne le laisserai pas courir
les champs. (Un silence.) Croyez-moi, acceptons tous les deux
sans murmurer la destinée que nous nous sommes faite. Nous
sommes compagnons de chaîne : marchons côte à côte, et tâchons
de ne pas nous haïr.

PAULINE.

Cela vous sera difficile.

HENRI.

Soyez tranquille; si je ne puis oublier par quels moyens vous fûtes comtesse de Puygiron, je n'oublierai pas non plus que vous l'êtes; et, passé cette explication où le trop-plein de mon cœur a débordé malgré moi, nous vivrons selon toutes les bienséances.

PAULINE.

Jolie perspective, en vérité.

SCÈNE VI.

LES MÊMES, GENEVIÈVE, en toilette.

GENEVIÈVE.

Eh bien, Pauline, vous ne pensez donc pas à vous habiller? on va venir nous prendre.

PAULINE.

Je causais avec Henri, et je me suis oubliée. J'aurai bientôt réparé le temps perdu. (Fausse sortie.) Grondez un peu votre cousine, mon cher; ne veut-elle pas rester fille!

GENEVIÈVE.

Pauline!

PAULINE.

Henri est un autre moi-même... Ne veut-elle pas rester fille par fidélité à un petit mari d'enfance qui l'a laissée veuve avec trois poupées sur les bras?

HENRI, troublé.

Quoi! Geneviève?

GENEVIÈVE.

Je ne sais ce qu'elle veut dire.

PAULINE, à part.

Comme ils sont troublés!

HENRI, à Pauline.

Vous ne serez jamais prête.

PAULINE, à part.

Il rompt les chiens? Le petit mari, serait-ce lui? Je le saurai... (Haut.) Je m'en vais... Faites-lui entendre raison, n'est-ce pas? (Elle sort.)

SCÈNE VII.

HENRI, GENEVIÈVE.

GENEVIÈVE.

Cette Pauline est folle... elle ne peut pas croire qu'on veuille rester fille sans qu'il y ait quelque mystère sous roche.

HENRI.

C'est donc vrai que vous ne voulez pas vous marier?

GENEVIÈVE.

Je n'en sais rien, je n'ai pas de parti pris; mais je trouve que le mariage est une domesticité, à moins d'être une religion, et je suis trop fière pour accepter un maître dont je ne pourrais pas faire mon dieu.

HENRI.

Vous avez raison, Geneviève; attendez un homme digne de vous.

GENEVIÈVE.

L'exemple de mon grand-père et de ma grand'mère m'a donné une si haute idée du mariage, que je préfère cent fois rester fille plutôt que de me marier par bienséance, selon l'usage, avec le premier venu...

HENRI.

Le plus affreux malheur qui puisse tomber sur une créature humaine, c'est une... c'est une union mal assortie.

GENEVIÈVE.

D'ailleurs, je suis si heureuse ici... mes parents sont si bons! L'homme pour qui je quitterais leur maison me semblerait toujours un étranger, je croirais changer un temple contre une auberge.

HENRI, à part.

Mon bonheur était là, insensé!... je n'avais qu'à étendre la main.

GENEVIÈVE.

A quoi pensez-vous donc?

HENRI.

A rien; je regardais ce portrait.

GENEVIÈVE.

Comme il est tutélaire! quelle douce présence! Il semble que la maison tout entière soit sous son invocation.

HENRI, à part, regardant le portrait.

Voilà celle qui devait être ma mère! (On annonce madame Morin — A part.) Madame Morin?

SCÈNE VIII.

LES MÊMES, IRMA.

IRMA.

Où est-elle? où est ma fille?... Bonjour, mon gendre.

GENEVIÈVE.

Oh! que Pauline va être heureuse!

IRMA.

Où est-elle?

GENEVIÈVE.

A sa toilette. — Ne l'avertissons pas, nous jouirons de sa surprise.

IRMA.

Vous devez être la petite cousine, mademoiselle. Quel joli physique! Voulez-vous m'embrasser, mon petit ange?

GENEVIÈVE.

Bien volontiers, madame. (Elle s'avance vers Irma, Henri passe vivement entre les deux.)

HENRI.

A quoi dois-je le plaisir de vous voir, madame?

IRMA.

A ma sensibilité. (On entend une voiture.)

GENEVIÈVE.

Voilà grand-papa qui rentre; je vais l'avertir de votre arrivée. (Elle sort.)

SCÈNE IX.

IRMA, HENRI.

HENRI.
Que venez-vous faire ici?

IRMA.
Tiens donc! on a une fille ou on n'en a pas!

HENRI.
Vous n'en avez plus. Elle est morte pour vous : vous avez hérité d'elle.

IRMA.
Oh! mon cher, l'héritage est loin! J'ai joué à la Bourse.

HENRI.
Je comprends. Combien vous faut-il pour partir?

IRMA.
Dieu du ciel! Il veut acheter l'amour d'une mère!

HENRI.
Quinze cents francs de pension?

IRMA.
Ce qu'il me faut, c'est mon enfant!

HENRI.
Trois mille?

IRMA.
Le malheureux!

HENRI.
Dépêchons, madame, on va entrer; dites votre chiffre.

IRMA.
Cinq mille.

HENRI.
Vous les aurez, mais vous partirez demain matin.

IRMA.
C'est convenu.

HENRI.
Chut! voici mon oncle!

SCÈNE X.

LES MÈRES, LE MARQUIS.

LE MARQUIS.

Madame Morin, je suis enchanté de vous voir.

IRMA.

Monsieur le marquis, j'ai l'honneur d'être.

LE MARQUIS.

D'être la mère d'une aimable fille, c'est vrai.

IRMA.

Excusez mon négligé de voyage ; j'aurais dû faire un bout de toilette ; mais ça me démangeait d'embrasser ma fille.

LE MARQUIS.

C'est trop naturel. Mais votre costume breton aurait été le bien venu chez un vieux chouan ; vous avez eu tort de le quitter.

HENRI , bas à Irma.

Ayez l'air de comprendre.

IRMA.

Que voulez-vous ! en voyage il ne faut pas s'habiller comme une bête curieuse.

LE MARQUIS , bas à Henri.

Elle a l'air d'une revendeuse à la toilette ; mais ta femme l'arrangera. (Haut.) Tu feras préparer une chambre à madame Morin.

IRMA.

Mille et un remerciements, monsieur le marquis ; je ne fais que passer. Il faut que je parte demain matin pour Dantzig.

LE MARQUIS.

Et qui vous presse tant d'aller à Dantzig ?

IRMA.

Il s'agit d'une créance de cent mille francs qui m'échappe si je ne pars pas demain. Demandez plutôt à mon gendre.

HENRI.

En effet.

LE MARQUIS.

Je n'ai plus rien à dire; mais vous nous dédommagerez au retour.

IRMA.

Vous êtes trop honnête, monsieur le marquis.

LE MARQUIS.

Je veux faire connaissance avec vous. Nous causerons de la Bretagne et nous parlerons breton.

IRMA, à part.

Fichtre!

HENRI.

Je crois, mon oncle, qu'il est temps d'aller chez madame de Ransberg. Pauline restera avec sa mère, dont l'arrivée est une excellente excuse.

LE MARQUIS.

C'est juste.

SCÈNE XI.

L'es Mêmes, LA MARQUISE, GENEVIÈVE, puis PAULINE.

LA MARQUISE.

Soyez la bienvenue, madame.

LE MARQUIS.

Ma femme, madame Morin.

IRMA, balbutiant.

Madame... je... vous... j'ai l'honneur d'être.

LA MARQUISE.

Vous ne trouverez ici, madame, que des gens tout prêts à aimer la mère de votre fille.

IRMA.

Oh! si... je... mais... madame est bien bonne. (Entre Pauline en toilette, la rivière au cou)

PAULINE.

Partons-nous?

LE MARQUIS.

Vous êtes dispensée de cette corvée, mon enfant.

PAULINE.

Comment cela? (Geneviève la prend par la main et la conduit devant Irma.)
Ma mère! (Elle recule et regarde le marquis avec inquiétude.)

IRMA.

Oui, minette.

LE MARQUIS à la marquise.

Nous gênons les épanchements de ces dames. Nous sommes
obligés de vous quitter, madame Morin; nous dînons en ville.

LA MARQUISE.

Nous le regretterions, madame, si nous ne vous laissions
un tête-à-tête dont votre cœur doit avoir un grand besoin.

IRMA.

Oh! je crois... je vous en prie...

GENEVIÈVE à Pauline.

Ah! les beaux diamants!

LE MARQUIS.

Malepeste! Henri est galant.

PAULINE.

C'est du stras, un caprice ridicule que je me suis passé.

LA MARQUISE.

C'est merveilleux d'imitation, la perle surtout; mais, mon
enfant, la comtesse de Puygiron ne doit pas porter de bijoux
faux. Au revoir, madame Morin. (Elle prend le bras d'Henri, Geneviève
celui du marquis, et ils sortent).

SCÈNE XII.

PAULINE, IRMA.

PAULINE, après avoir écouté les pas s'éloigner.

Ah! ma bonne mère! quel bonheur de te voir! (Elle l'embrasse).
Que fait-on à Paris? Comment va Céleste? et Clémence? et
Taffetas? et Ernest? Jules? Gontran? et le bal de l'Opéra? et la
maison d'or? et le mont de piété?

IRMA.

Si on t'entendait!

PAULINE.

Ah! j'étouffe depuis un an, laisse-moi ôter mon corset!...
Dieu! que c'est bon de causer un peu avec sa mére!

IRMA.

Je retrouve ton cœur! je savais bien que les grandeurs ne te
changeraient pas; tu es toujours la même!

PAULINE.

Plus que jamais!... La nouvelle de ma mort a-t-elle fait de
l'effet dans Paris?

IRMA.

Je t'en réponds, et il y avait du monde à ton service funèbre!
c'était pis qu'au convoi de Lafayette... j'étais bien fière d'être
ta mère, je t'en donne mon billet!

PAULINE.

Pauvre chérie!... mais je suis là à te questionner, je ne
pense pas que tu as peut-être besoin de te rafraîchir...

IRMA.

Je prendrais bien un fruit... un peu saignant : il est six
heures.

PAULINE.

Je l'avais oublié... La joie de te voir. (Elle sonne.)

IRMA.

Moi, les émotions me creusent. (Entre un domestique.)

PAULINE.

Vous mettrez deux couverts. (A Irma.) Veux-tu que nous
dînions ici?

IRMA.

Le local me plaît.

PAULINE, durement au domestique.

Vous entendez? Tâchez de ne pas nous faire attendre une
heure.

LE DOMESTIQUE, à part.

Elle croit toujours parler à des chiens. (Il sort.)

PAULINE, revenant à Irma.

Alors, personne ne s'avise de mettre ma mort en doute ?

IRMA.

Parbleu ! j'ai fait les choses en conscience. J'ai pleuré toutes les larmes de mon corps, et je t'ai érigé un mausolée au Père-Lachaise.

PAULINE.

Un mausolée? un cénotaphe, tu veux dire.

IRMA.

Un monument, quoi ! en marbre noir, avec cette simple inscription : « Aux mânes d'Olympe Taverny. » Je voulais y ajouter quelques éloges, mais Gustave m'a fait observer que ton nom disait tout.

PAULINE.

Cela t'a dû coûter bon ?

IRMA.

Les yeux de la tête ! mais je trouverai bien à le céder à quelque amateur qui s'en servira en changeant l'inscription.

PAULINE.

Que tu es donc drôle !... que je t'aime !

IRMA.

Ton luxe a joliment vexé tes petites amies, va ! Céleste n'en dort plus ; elle s'est commandé un caveau de famille !

PAULINE.

Avec qui est-elle ?

IRMA.

Ne m'en parle pas ! elle a plus de chance qu'une honnête femme. Elle a trouvé un excellent général qui lui a fait quinze mille de viager.

PAULINE.

Comment s'y est-elle prise, mon Dieu ?

IRMA.

Tu sais comme elle crache bien le sang : elle s'est mise à le cracher tous les soirs, et le général attendri a cru faire un marché d'or.

PAULINE.

Elle n'a pas été si bête que moi ! (On entre la table, qu'on place sur le devant de la scène, à droite.)

IRMA.

Est-ce que tu n'es pas heureuse ?

PAULINE.

Nous parlerons de cela plus tard. (Bas.) Comment Henri t'a-t-il reçue ?

IRMA, de même.

Très-bien ; il m'a flanquée à la porte avec cinq mille francs de pension.

PAULINE.

Ah ! voilà ce que tu venais chercher ?

IRMA.

Subsidiairement, comme dit la *Gazette des Tribunaux*. Que veux-tu ? j'ai fait des pertes à la Bourse ! (On annonce monsieur de Montrichard.)

SCÈNE XIII.

LES MÊMES, MONTRICHARD.

MONTRICHARD.

J'ai appris en bas, comtesse, que madame votre mère était arrivée, et je m'empresse..... (Les domestiques sortent.) Bonjour, Irma.

IRMA, à Pauline.

Il sait donc ?...

PAULINE.

Oui, c'est un ami. (Entrent deux domestiques.) — Avez-vous dîné, monsieur de Montrichard ?

MONTRICHARD.

Non, madame.

PAULINE.

Vous dînerez avec nous (A un domestique.) Ajoutez un couvert.

IRMA, bas, à Pauline.

Est-ce que la valetaille va nous tenir compagnie ?

4

PAULINE, aux domestiques.

Mettez des assiettes sur ce guéridon, et laissez-nous. (Les domestiques sortent.)

MONTRICHARD.

Qui est-ce qui nous servira?

IRMA.

Moi, parbleu!

MONTRICHARD.

Diantre! servis par Hébé!

IRMA.

Hébé vous-même! Voilà qu'il va recommencer à m'ennuyer en latin!

MONTRICHARD.

Ne vous fâchez pas, ô Irma! Hébé était une jeune personne très-adroite de ses mains.

PAULINE.

A table! (on s'assied.)

IRMA.

Qui est-ce qui meurt de faim? moi!

MONTRICHARD.

Quelle belle nature!

IRMA.

Tiens! je ne fais que deux bons repas par jour!

MONTRICHARD.

Savez-vous que vous êtes toujours belle, Irma?

IRMA.

Farceur!

MONTRICHARD.

Non, parole! vous avez gagné depuis trois ans. Il vous est venu un peu de barbe qui donne à votre beauté un air viril.

IRMA.

Vous êtes un malhonnête!

PAULINE.

Voyons, sois gentille.

IRMA.

Ce n'est pas de la barbe, c'est un grain de beauté.

PAULINE.

Laisse-nous rire un peu, il y a longtemps que ça ne m'est arrivé.

IRMA.

Tu t'ennuies donc?

PAULINE.

Demande à Montrichard, et enlève les assiettes. (Irma se lève et prend les assiettes)

IRMA.

Est-ce qu'elle s'ennuie, Montrichard?

MONTRICHARD, se servant.

Parbleu!

IRMA.

Ce n'est pas Dieu possible! une comtesse!

PAULINE.

Je ne sais pas comment les grandes dames peuvent s'habi-tuer à la vie qu'elles mènent.

MONTRICHARD.

On les prend toutes petites.

IRMA, à Pauline.

De la croûte, sans te commander. — Est-ce que ton mari n'est pas bien pour toi?

PAULINE.

Je n'ai pas à m'en plaindre, le pauvre garçon! mais il ne m'aime plus.

MONTRICHARD.

Alors il doit vous détester. Est-ce qu'il y a eu explication?

PAULINE.

Aujourd'hui même.

MONTRICHARD, à part.

Bon!

PAULINE.

Ah! j'ai fait un sot mariage!

IRNA.

Pauvre chatte ! tu me coupes l'appétit !

MONTRICHARD.

Avec les sots mariages, on fait des séparations bien spirituelles.

IRNA.

Il a raison, Montrichard, il me rouvre l'appétit... il faut te séparer. — Donne-moi à boire. — Tu gardes ton titre de comtesse, vingt-cinq mille livres de rentes, et tu t'amuses !

PAULINE.

Henri ne veut pas entendre parler de séparation.

IRNA.

Puisqu'il ne t'aime plus !

PAULINE.

Il a peur que je ne galvaude son nom.

MONTRICHARD.

L'impertinent !

IRNA.

Il faut le mettre dans son tort... sévices, injures graves, article 231... On aposte des témoins et on se fait souffleter.

PAULINE.

Il est trop niais pour battre une femme.

MONTRICHARD.

Faites-vous enlever ; Baudel est là.

IRNA.

Vous êtes bon, vous ! Séparation pour cause d'adultère, ça rapporte de trois mois à deux ans de prison... article 308.

PAULINE.

C'est tout ce qu'il désire.

MONTRICHARD.

Moi ?

PAULINE.

Croyez-vous que je ne voie pas dans votre jeu ? Vous attendez pour démasquer vos prétentions conjugales le jour où cette illustre famille aura l'oreille basse, et vous me poussez à une escapade, sans vous soucier de ce qu'il m'en coûterait.

MONTRICHARD.

Vous voilà bien malade pour trois mois de prison, que vous passeriez dans une maison de santé ! Vous y retrouveriez vos bonnes joues d'autrefois, et votre procès serait une réclame superbe.

PAULINE.

Et les donations matrimoniales?

IRMA.

Annulées par l'adultère, mon bon.

MONTRICHARD, à part.

Elles connaissent le code comme des voleurs.

PAULINE.

Henri m'a donné 500,000 fr. par contrat de mariage ; je n'ai pas envie de les perdre.

MONTRICHARD.

Vous ne voulez pas sortir de la souricière sans emporter le lard.

PAULINE.

J'espère bien arriver à une séparation amiable. Il s'agit d'avoir barres sur la famille, et d'être en posture de faire mes conditions... Je trouverai bien moyen d'y parvenir... J'ai déjà entrevu quelque chose.

IRMA.

Quoi donc?

PAULINE.

Je ne suis pas encore sûre de mon fait, mais je m'en assurerai. En attendant, buvons du champagne, et tâchons de rire un bon coup pendant que nous sommes seuls.

IRMA.

Ça me va.

MONTRICHARD.

A moi aussi !... A votre santé, Irma !

UN DOMESTIQUE, apportant une carte sur un plat d'argent.

On demande à parler à madame la comtesse.

PAULINE, lisant la carte.

Adolphe, premier comique au théâtre de Berlin. Je ne connais pas.

IRMA.

Un comique? Dis donc, toi qui n'as pas ri depuis longtemps!

PAULINE.

L'avez-vous vu jouer, Montrichard?

MONTRICHARD.

Oui, il imite les acteurs de Paris.

IRMA.

Faites entrer... Des imitations, ça t'amusera, Ninette.

PAULINE, au domestique.

Vous nous donnerez le dessert.

SCÈNE XIV.

LES MÊMES, ADOLPHE, habit noir, cravate blanche.

ADOLPHE.

Mille pardons, madame la comtesse, de la liberté que je prends
et du dérangement...

PAULINE.

Asseyez-vous, monsieur. (Le domestique met le dessert sur la table.)

ADOLPHE.

Le théâtre donne après-demain une représentation à mon
bénéfice, et j'ai cru pouvoir me permettre, en qualité de com-
patriote, madame, de vous offrir une loge. (Il lui présente le coupon.)

PAULINE.

Je vous remercie, monsieur. On me dit que vous faites des
imitations?

ADOLPHE.

Oui, madame; c'est par là que je réussis à l'étranger.

PAULINE.

Si votre soirée est libre, vous seriez bien aimable de nous
donner une séance.

ADOLPHE.

Tres-volontiers, madame.

IRMA, au domestique.

Un verre, et allez-vous-en. Tenez, monsieur Adolphe, buvez-moi ça.

ADOLPHE.

Mille grâces, madame; le champagne me fait mal.

IRMA.

C'est du Cliquot, mon cher; ça ne grise pas. A votre santé.

ADOLPHE, après avoir bu.

Il est bon.

IRMA.

Dites donc, mon petit, vous avez un tic dans l'œil.

ADOLPHE.

Oui, madame! c'est même ce tic qui a déterminé ma vocation pour les comiques.

MONTRICHARD.

Et qui va nous procurer le plaisir de vous entendre.

PAULINE.

Chantez-nous donc une chanson, monsieur Adolphe.

ADOLPHE.

Le petit cochon de Barbarie?

PAULINE.

Non, une chanson d'étudiant.

ADOLPHE.

Je n'en sais pas.

MONTRICHARD.

Vous avez pourtant l'air d'avoir été clerc de notaire.

ADOLPHE.

En effet, monsieur.

PAULINE.

Vous l'avez été?

ADOLPHE.

Je suis de bonne famille, madame : mon père, un des premiers quincailliers de Paris, me destinait au barreau ; mais une vocation irrésistible m'entraînait au théâtre.

MONTRICHARD.

Monsieur votre père a dû vous maudire?

ADOLPHE.

Hélas! il m'a défendu de prostituer son nom sur des affiches de spectacle.

PAULINE.

Comment s'appelle-t-il?

ADOLPHE.

Mathieu.

MONTRICHARD.

Le fait est que c'eût été un sacrilége.

IRMA.

Eh bien! à ta santé, fils Mathieu! Tu me plais! tu es laid, tu es bête, mais tu es naïf!

ADOLPHE, vexé.

Madame!

IRMA.

Ne te fâche pas, mon petit! c'est pour rire... Tu es joli, joli dans les intervalles de ton tic.

PAULINE.

A la bonne heure! mettons les coudes sur la table et disons des bêtises! on va se croire aux *Provençaux*... Je me sens renaître.

MONTRICHARD, à part.

La nostalgie de la boue.

IRMA.

On ne voit pas clair ici! Moi, je n'aime pas dire des bêtises dans l'obscurité.

MONTRICHARD.

On pourrait se blesser.

PAULINE, prenant une bougie au candélabre de la table.

Allumons toutes les chandelles. Aidez-moi, Montrichard.

MONTRICHARD.

Je ne sais pas combien il y en a, mais tout à l'heure Irma en verra trente-six.

ADOLPHE.

J'en vois déjà quinze pour ma part. (Pauline et Montrichard montent
sur les fauteuils au coin de la cheminée et allument les torchères de chaque côté du
portrait.)

IRMA.

Tiens, une peinture! Qu'est-ce que c'est?

PAULINE.

C'est un baromètre.

IRMA.

Il ressemble à la vieille dame, ce baromètre.

MONTRICHARD, à Pauline.

Hem!... si elle rentrait dans ce moment-ci!

PAULINE.

Qu'ils rentrent tous! qu'ils me donnent leur malédiction avec
mes cinq cent mille francs, et je les tiens quittes du reste.

ADOLPHE.

Je demande la permission de porter un toast.

IRMA.

Vous l'avez, mais tâchez d'être convenable.

MONTRICHARD.

Attendez-nous. (Arrivé près de la table.) Nous vous écoutons.

ADOLPHE.

Au sexe enchanteur qui fait à la fois le charme et le tourment
de l'existence, en un mot aux dames!

MONTRICHARD.

Vous allez un peu loin, monsieur Adolphe.

IRMA.

Oui, c'est risqué.

PAULINE.

Cela sent son homme à bonnes fortunes.

ADOLPHE.

Oh! madame...

MONTRICHARD.

Vous devez en avoir furieusement! Un homme est si exposé
au théâtre!

ADOLPHE.

Ce ne sont pas les occasions qui me manquent, je l'avoue.

MONTRICHARD.

Qu'est-ce qui vous manque donc, mon Dieu ?

ADOLPHE.

J'ai toujours eu des mœurs.

IRMA.

Moi aussi, j'en ai toujours eu.

MONTRICHARD.

C'est vrai, de mauvaises.

ADOLPHE.

Les miennes sont pures : je suis marié.

PAULINE.

C'est un défaut, mon cher; tâchez de vous en corriger.

IRMA.

Et surveille ta femme, je ne te dis que ça.

ADOLPHE.

Je vous prie de respecter la mère de mes enfants.

MONTRICHARD.

Vous avez des enfants, ô Adolphe ?

ADOLPHE.

Trois, qui sont tout mon portrait.

PAULINE.

Je plains le plus jeune.

ADOLPHE.

Pourquoi ?

PAULINE.

C'est celui qui a le plus longtemps à vous ressembler.

MONTRICHARD.

Bah ! tous les enfants commencent par ressembler à leur papa et finissent par ressembler à leur père !

IRMA.

La voix du sang est un préjugé !

PAULINE, levant son verre.

A l'extinction des préjugés! à bas la famille! à bas le mariage! à bas les marquis!

MONTRICHARD.

A bas les quincailliers!

ADOLPHE.

A bas les quincailliers! (Rires.)

IRMA.

Vive nous!

PAULINE, chantant.

Quand on n'a plus d'argent,
On écrit à son père,
Qui vous répond : brigand,
Tu n'es pas là pour faire
L'amour...

(Elle tombe dans une rêverie.)

MONTRICHARD.

Quand on songe à tout ce qu'elle a fait pour être comtesse!

PAULINE, rêveuse.

Oh! les douces chansons de la jeunesse! le beau temps des robes de guingamp et des châles de barége! les bals de la *Chaumière!* les dîners du *Moulin-Rouge*, ce premier moulin par-dessus lequel on jette son bonnet! Figurez-vous une jeune fille qui a passé toute sa vie dans une soupente, et qui s'échappe un jour à travers champs pour faire connaissance avec le plaisir, le soleil et la fainéantise!... Cordon, s'il vous plaît!

IRMA, à moitié endormie.

Voilà!

MONTRICHARD, à part.

Eh bien, je m'en étais toujours douté!

ADOLPHE, complètement gris.

Je vous assure que je ne suis pas laid.

PAULINE.

Alors tu n'es qu'un vil imposteur! Ote ton nez de carton et tes yeux de faïence.

MONTRICHARD.

Qu'il ôte sa tête, pendant qu'il y est.

ADOLPHE.

Ma femme me trouve l'air distingué.

PAULINE.

Elle te trompe.

ADOLPHE.

Ah! si je le croyais!

MONTRICHARD.

Soyez-en sûr, mon bon ami: il ne faut jamais douter de sa femme.

ADOLPHE.

Oseriez-vous le jurer sur la tête de cette respectable dame?

MONTRICHARD.

Prêtez-moi votre tête, Irma, que je satisfasse monsieur.

ADOLPHE, sanglotant.

Malheureux que je suis! ma femme me trompe!...

PAULINE.

Sur ta beauté, imbécile!

IRMA.

En voilà un comique affligeant!

ADOLPHE, se jetant dans les bras d'Irma.

O vous, qui êtes mère, vous me comprenez!

IRMA, le repoussant.

Voyons donc, farceur! Racontez-nous quelque chose de drôle : vous êtes ici pour nous faire rire.

ADOLPHE.

C'est vrai... pardon!... (Il s'essuie les yeux.) Je vais vous faire une imitation... (Il se lève péniblement.) Il y avait une fois trois petits enfants qui s'étaient égarés dans la forêt... Ils ne savaient où souper, quand heureusement l'aîné des trois, qui était un malin, trouva quinze francs dans le tiroir de la commode...

MONTRICHARD.

C'est fini?

ADOLPHE.

Dame! oui.

TOUS.

Ah! que c'est bête!

ADOLPHE, retombant sur sa chaise.

Mes pauvres enfants, à moi! ils ne trouveront rien dans le tiroir de la commode.

PAULINE.

En êtes-vous là, mon brave?

ADOLPHE.

J'ai acheté hier une palatine à ma femme, et je n'ai pas payé le boulanger.

MONTRICHARD, à part.

Pauvre diable!

IRMA.

Dis donc, Minette... il a bon cœur! il se ruine pour les femmes.

PAULINE.

Ne pleure pas, grand niais... tu ne rentreras pas chez toi les mains vides... Montrichard, donne-lui ta bourse.

MONTRICHARD, à Olympe.

La charité te ruinera, toi. (Donnant sa bourse à Adolphe.) Tenez, mon ami.

ADOLPHE, repoussant la bourse.

Non, monsieur... non... je ne reçois de l'argent que de mon directeur, quand il m'en donne : ce serait une aumône... Merci... je suis de bonne famille.

PAULINE.

Il me fait mal! Je n'aime pas à voir la misère de près.

IRMA.

S'il est fier, tant pis pour lui!...

PAULINE.

Que pourrais-je donc lui faire accepter?... (Elle arrache vivement la perle de son collier et la donne à Adolphe.) Tiens, grand imbécile, voilà un petit bijou pour ta femme... cela ne se refuse pas.

MONTRICHARD, à part.

C'est fantastique!

5

ADOLPHE.

Vous êtes bien bonne, madame la comtesse.

PAULINE.

Il est tard, rentrez chez vous; reconduisez-le, Montrichard.
(Irma fourre les restes du dîner dans les poches d'Adolphe)

MONTRICHARD.

Prenez mon bras, monsieur Adolphe. (A part.) Olympe est lancée, elle va faire des siennes !

ADOLPHE, en sortant

Vous êtes deux anges !

MONTRICHARD.

Ne leur dites pas cela, elles ne vous croiront pas.

ADOLPHE.

Vous êtes deux anges. (A Montrichard.) Et vous aussi.

MONTRICHARD.

Et moi aussi, je suis un ange. Vous aussi, vous êtes un ange... insupportable... Allons, Mathieu ! (Ils sortent)

SCÈNE XV.

IRMA, PAULINE.

IRMA.

Quelle drôle d'idée de lui donner une perle fausse ?

PAULINE.

Fausse ! Elle vaut au moins mille francs.

IRMA, bondissant.

Mille francs ! Es-tu folle ?

PAULINE.

Que veux-tu ? je n'avais pas autre chose sous la main. (Mélancoliquement.) Et puis cela me portera bonheur ! ma séparation réussira.

IRMA.

As-tu des cartes, ici ?

PAULINE, prenant un flambeau et se dirigeant vers sa chambre.

Non, mais j'en ai dans ma chambre. Pourquoi ?

IRMA, la suivant.

Pour faire une réussite.

PAULINE.

Tu crois donc toujours aux cartes ?

IRMA.

Si j'y crois ! Il n'y a que cela de certain.

PAULINE.

Allons donc !

IRMA.

Tais-toi ! on finit toujours mal quand on ne croit à rien.

PAULINE.

Je ne compte que sur moi.

IRMA.

Tu as raison... Il ne faut pas non plus s'abandonner... Aide-toi, le ciel t'aidera.

PAULINE.

Ah ! oui, le ciel !

IRMA.

C'est une façon de parler ! — Allons tirer les cartes.

PAULINE.

A ma séparation ! (Elles sortent.)

FIN DU DEUXIÈME ACTE.

ACTE TROISIÈME

Même décor.

SCÈNE PREMIÈRE.

MONTRICHARD, Un Domestique, puis PAULINE.

LE DOMESTIQUE.

Madame la comtesse est allée accompagner madame sa mère au chemin de fer.

MONTRICHARD.

C'est bien, j'attendrai.

LE DOMESTIQUE.

La voici. (Il sort.)

PAULINE, entrant par la gauche.

Bonjour, Montrichard.

MONTRICHARD.

Avez-vous bien dormi, comtesse?

PAULINE.

Comme un juste. — A propos, si on vous parle ici de notre petite séance d'hier soir, ne faites pas l'ignorant : j'ai tout raconté au marquis.

MONTRICHARD.

Tout?

PAULINE.

Tout ce qui était racontable.

MONTRICHARD.

Très-bien. — Vous venez d'embarquer Irma?

PAULINE.

Oui, cher ami.

MONTRICHARD.

Cette séparation douloureuse m'explique votre air joyeux.

PAULINE.

Mon air joyeux vient d'une idée très-spirituelle que j'ai eue ;
je peux rendre des points à l'ingénieux Latude.

MONTRICHARD.

Vous avez trouvé votre moyen d'évasion ?

PAULINE.

Je l'ai trouvé.

MONTRICHARD.

Sans Baudel ?

PAULINE.

Sans Baudel. — Votre beau front se rembrunit, Alfred ; vous
préféreriez me voir sauter par la fenêtre, au risque de me rom-
pre le cou ; moi, j'aime mieux sortir par la porte. Mais rassurez-vous, tendre ami : en sortant je vous donnerai ma contre-
marque.

MONTRICHARD.

Pas de logogryphe, je vous en prie.

PAULINE, s'asseyant à gauche.

Volontiers. — Mais d'abord, êtes-vous véritablement gentilhomme ?

MONTRICHARD, s'asseyant près d'elle.

Jusqu'à la garde de mon épée. Pourquoi cette question rétro-
spective ?

PAULINE.

Parce que je ne voudrais pas donner Geneviève à un faquin...
J'ai de la conscience à ma manière ; je veux que cette pauvre
petite soit heureuse. Me jurez-vous de lui être fidèle ?

MONTRICHARD.

Je vous le jure sur mes trente-huit ans, vingt campagnes et
trois blessures !

PAULINE.

De ne pas la battre ?

MONTRICHARD.

Je n'ai jamais fustigé que des drôlesses.

PAULINE.

Merci bien !

MONTRICHARD.

Pardon, comtesse, je n'y pensais plus.

PAULINE.

De couper en quatre quiconque se permettrait de ne pas saluer votre femme jusqu'à terre?

MONTRICHARD.

J'excelle à découper les impertinents. Mais pourquoi ne saluerait-on pas mademoiselle de Wurzen jusqu'à terre?

PAULINE.

Pour la raison qui vous permettra de l'épouser.

MONTRICHARD.

Vous l'aurez compromise?

PAULINE.

Oh! à peine... tout juste assez pour mettre son illustre famille à ma discrétion! Vous savez bien que je ne suis pas méchante; je ne veux pas de mal à cette petite fille, et je ne lui en ferais pas si j'avais un autre moyen de sortir d'ici. Tant pis pour ceux qui me réduisent à cette extrémité!

MONTRICHARD.

C'est là votre idée spirituelle?

PAULINE.

Oui.

MONTRICHARD, se levant.

Écoutez, ma belle; je ne suis peut-être pas le plus scrupuleux des hommes et je fais bon marché de bien des choses; mais il y en a qui révoltent mon sens... chevaleresque... sinon moral.

PAULINE.

Monsieur est un Don Quichotte?

MONTRICHARD.

De la Manche... large, si vous voulez; mais votre projet est monstrueux, et je m'y oppose formellement.

PAULINE, se levant.

Ah çà! mon cher, vous trouvez donc Geneviève bien malheureuse de vous épouser?

MONTRICHARD.

Je ne dis pas cela.

PAULINE.

Que dites-vous donc alors? Car toute ma méchanceté aboutit
en dernier résultat à assurer un mariage que vous désirez plus
que moi.

MONTRICHARD.

C'est un autre point de vue, ceci, et sous cet aspect votre
idée est absurde : mademoiselle de Wurzen épousera tout simplement le jeune premier avec qui vous l'aurez compromise.

PAULINE.

Ah! voilà où le bât vous blesse? Rassurez-vous ; je ne crois
pas qu'elle épouse mon mari.

MONTRICHARD.

C'est avec votre mari?... Vous êtes folle, ma chère! vous rai-
sonnez comme s'il s'agissait de mademoiselle Taffetas... ou
d'Olympe! Une fille honnête ne s'amourache pas d'un homme
marié.

PAULINE.

Oui, cela paraît difficile au premier abord.

MONTRICHARD.

Et impossible au second.

PAULINE.

Si j'en viens à bout, qu'est-ce que vous direz?

MONTRICHARD.

Je vous demanderai à voir vos griffes... mais je suis tranquille.

PAULINE.

L'admiration vous jetterait à mes genoux si je vous montrais
par quel moyen simple et sûr j'opérerai ce miracle.

MONTRICHARD.

Ne me le montrez pas! Je ne veux tremper dans vos diable-
ries qu'en qualité de bon génie.

PAULINE.

A la bonne heure! vous voilà dans votre rôle.

MONTRICHARD.

Au milieu de tout cela, quel sera le sort de Baudel?

PAULINE.

Je le réserve pour le temps où je serai libre.

MONTRICHARD.

Je reconnais votre prévoyance habituelle.

PAULINE.

En voilà un sur lequel je m'étais trompée! Je le trouvais autrefois d'un parfait ridicule...

MONTRICHARD.

Je crois bien; il n'avait pas encore hérité de son père.

PAULINE.

Dites qu'il ne vous avait pas encore donné ce coup d'épée...

MONTRICHARD.

Sans lésiner, c'est vrai.

PAULINE.

Les femmes aiment les vainqueurs.

MONTRICHARD.

Elles aiment surtout les imbéciles riches. Baudel est votre affaire; il se prend pour Buckingham amoureux de la reine Anne; il fera les choses royalement.

UN DOMESTIQUE, annonçant.

M. de Beauséjour.

MONTRICHARD.

Quand on parle du loup...

SCÈNE II.

LES MÊMES, BAUDEL.

BAUDEL.

Madame... (Il serre la main de Montrichard.)

PAULINE.

Nous parlions de vous justement. Je chargeais monsieur de

Montrichard de vous remettre un petit objet qu'hier vous avez oublié chez moi... (Elle lui donne la rivière.)

BAUDEL, à part.

Ah! diable!

PAULINE.

Seulement, je vous préviens que j'ai prélevé la part des pauvres. Cela vous apprendra à ne pas commettre de pareils oublis chez une dame de charité.

BAUDEL, pincé.

Je suis heureux, madame, d'avoir fait l'aumône par vos mains.

MONTRICHARD, bas à Pauline.

Vous voulez donc le ruiner à fond?

PAULINE, bas.

On ne sait pas.

BAUDEL.

C'est une visite d'adieux que je viens vous faire, madame.

PAULINE.

D'adieux!

BAUDEL.

Je pars aujourd'hui même pour Paris.

PAULINE, à part.

Le piége est grossier.

MONTRICHARD.

Cela te prend donc comme une envie d'éternuer?

BAUDEL.

Je reçois à l'instant une lettre de mon notaire qui me propose un magnifique mariage.

PAULINE, à part.

C'est cousu de fil blanc.

MONTRICHARD.

Si ton médecin te proposait une magnifique pleurésie, tu accepterais donc?

BAUDEL.

Peut-être! La vie m'est à charge.

PAULINE.

Est-il possible?

BAUDEL.

Je suis né sous une mauvaise étoile, madame.

MONTRICHARD.

Infortuné! déjà affligé à son âge de cent vingt-trois mille livres de rente!

BAUDEL.

Ah! que ne suis-je pauvre! Je serais peut-être quelque chose à cette heure!

MONTRICHARD, à part.

Il serait clerc d'huissier.

BAUDEL.

Je me ferais un nom; je vivrais de ma plume...

MONTRICHARD, à part.

Je t'en retiens un paquet.

BAUDEL.

Tandis que la fortune, c'est l'oisiveté; elle nous livre pieds et poings liés à nos chagrins.

PAULINE.

Vous avez des chagrins, monsieur de Beauséjour?

MONTRICHARD.

Il faut bien qu'il en ait pour se marier volontairement.

BAUDEL.

Un moment je me suis cru aimé, j'ai cru qu'une femme adorée me permettrait de lui consacrer ma vie; je le croyais encore en recevant la lettre de mon notaire... et je comptais la déchirer aux pieds de mon idole... (Il montre la lettre.)

MONTRICHARD, prenant la lettre.

Une vraie lettre de notaire, ma foi!

PAULINE, à part.

Ce n'est donc pas un piége?

BAUDEL.

Mais j'ai reçu une preuve d'indifférence telle que je n'ai plus d'espoir, et me résigne à rentrer dans la vie ordinaire.

MONTRICHARD, montrant la lettre à Pauline.

La demoiselle a un million, sans compter les espérances...
C'est un pistolet chargé d'or.

PAULINE.

Vous avouerez, du moins, qu'une résignation si précipitée
donne mille fois raison à la prudence de votre idole... puisque idole il y a.

BAUDEL.

Je vous en fais juge, madame ; puis-je sacrifier un mariage
aussi raisonnable à un amour sans espoir?

PAULINE.

Vous vous hâtez bien de le croire sans espoir.

MONTRICHARD.

Il est si modeste... C'est une violette !

BAUDEL.

Je vous jure, madame, que si j'étais aimé, je renoncerais
avec transport à tout le reste.

PAULINE.

Êtes-vous sûr de ne pas l'être ?

BAUDEL, les yeux baissés.

Je pars à cinq heures ; cette personne le sait. Si elle attache
quelque prix à mon affection, elle dictera mon refus aux ordres
du notaire... Je ne sortirai pas de chez moi.

MONTRICHARD, à part.

Il a une façon piteuse de casser les vitres qui me réjouit.

BAUDEL.

Si je ne vois rien venir, c'est que mon mariage lui est in-
différent ; et vous avouerez alors, madame, que j'ai raison de
me marier.

MONTRICHARD.

C'est à la fois chevaleresque et mathématique.

BAUDEL.

Adieu, madame la comtesse.

PAULINE.

Adieu, monsieur.

MONTRICHARD.

Je sors avec toi. (Saluant.) Madame! (A part.) Son écheveau
s'embrouille, il faudra des ciseaux... Bonne affaire pour moi !

BAUDEL, à part.

J'ai brûlé mes vaisseaux. (Ils sortent.)

SCÈNE III.

PAULINE, seule, puis GENEVIÈVE.

PAULINE.

Il a plus de tête que je ne croyais, ce petit monsieur. Bah!
j'en viendrai bien à bout ! Un homme timide et vaniteux est
un panier à deux anses... on en fait aisément un panier percé.
(Entre Geneviève.) A l'autre, maintenant (Regardant la pendule.) Il
n'est que trois heures est demie, j'ai le temps. (Elle s'étend sur
la causeuse.) A mon rôle de malade.

GENEVIÈVE.

On m'a dit que monsieur de Montrichard était venu?

PAULINE.

En effet. (Elle tousse.)

GENEVIÈVE.

Vous êtes enrhumée?

PAULINE.

Non. Je l'ai renvoyé bien triste.

GENEVIÈVE.

Vous l'avez découragé?

PAULINE.

Complétement et sans regret. Hier encore, je désirais ce
mariage; mais j'ai formé des projets plus doux. (Elle tousse.)

GENEVIÈVE.

Des projets dans le même sens?

PAULINE.

Oui.

GENEVIÈVE.

Mais je vous ai dit que je voulais rester fille.

PAULINE.

Non pas... rester veuve; et j'ai découvert de qui vous portez le deuil.

GENEVIÈVE.

C'est impossible !

PAULINE.

Le marquis m'a confié ce matin l'espérance qu'il avait si longtemps caressée !

GENEVIÈVE.

Mon grand-père?

PAULINE.

Ne lui en voulez pas de son indiscrétion ; je m'y suis prise si adroitement ! et ne m'en voulez pas de ma curiosité, elle n'a d'autre but que votre bonheur et celui d'Henri. (Elle tousse.)

GENEVIÈVE.

Je ne vous comprends pas.

PAULINE.

Je le crois, car vous ne savez même pas ce qui se passe en vous. Mais, je vous le dis avec joie, vous aimez toujours Henri.

GENEVIÈVE.

Je vous jure...

PAULINE.

Ne jurez pas ! Henri vous aime.

GENEVIÈVE, très-troublée.

Il m'aime?

PAULINE.

Mettez la main sur votre cœur, maintenant, et comptez-en les battements.

GENEVIÈVE.

Mais, madame, c'est impossible... Henri vous a épousée par amour...

PAULINE.

En êtes-vous sûre ?

GENEVIÈVE.

Mais, je crois... je sais... laissez-moi, madame! je ne veux rien savoir.

PAULINE.

Il m'a épousée par loyauté, pour réparer... mais de pareils récits ne sont pas faits pour vos chastes oreilles... Si j'ai été coupable, je l'expie cruellement! Ignorez-le toujours, chère enfant, le supplice d'être à charge à ce que vous aimez!

GENEVIÈVE.

Pourquoi me dire tout cela?

PAULINE.

O! chère Geneviève! ne vous défendez plus contre une affection sainte et légitime; laissez-moi emporter cette pensée consolante que l'existence brisée de mon Henri peut refleurir par vous; promettez-moi que vous me remplacerez auprès de lui...

GENEVIÈVE.

Vous remplacer auprès de lui? Que voulez-vous dire?

PAULINE.

Quelle émotion!... Rassurez-vous, chère enfant; je me porte aussi bien que vous... (Elle est prise d'un violent accès de toux; elle porte son mouchoir à sa bouche et le remet vivement dans sa poche.)

GENEVIÈVE.

Ah! nous vous sauverons malgré vous!

PAULINE, d'une voix faible.

Vous ferez venir des medecins? Raisonnons, chere enfant... Que supposez-vous? que j'ai une maladie mortelle, que j'attends la mort comme une délivrance, que j'ai eu assez d'empire sur moi-même pour dérober jusqu'à présent mon état à la compassion mal entendue de mes amis?... (Geneviève fait un signe de tête.) Eh bien, je vous assure que vous vous trompez. Mais admettons un instant que ce soit la vérité, qu'y verront les médecins? Si j'ai eu le courage de dissimuler pendant un an, ce n'est pas pour me confesser au premier docteur qui m'interrogera...

GENEVIÈVE, se jetant dans ses bras en sanglotant.

O ma sœur! ma chère sœur! Ayez pitié de ceux qui vous aiment... Laissez-vous soigner par nous... nous vous conduirons en Italie... c'est le ciel de l'Allemagne qui vous tue...

PAULINE.

Vous oubliez que je ne suis pas malade.

GENEVIÈVE.

C'est horrible! (Quatre heures sennent.)

PAULINE, à part,

Quatre heures!... Et Baudel?... (Regardant Geneviève, dont la tête est sur ses genoux.) En voilà assez pour aujourd'hui... Mes semailles sont faites et les mauvaises pensées croissent comme le chiendent... (Haut, à Geneviève.) Pardon! ces émotions m'ont brisée... Permettez-moi de me retirer... (Elle se lève, Geneviève l'accompagne jusqu'à la porte en la soutenant.)

SCÈNE IV.

GENEVIÈVE, seule. — Un silence.

Est-ce que j'aime Henri?... Ah! je l'ai toujours aimé!... J'ose voir clair dans mon cœur, maintenant que... Non! c'est horrible! non! je n'accueillerai pas cette indigne pensée!... Je sauverai Pauline malgré elle, je l'enverrai en Italie!... Mais comment faire?... Si je parle de sa maladie... elle niera!... (Elle reste absorbée.)

SCÈNE V.

GENEVIÈVE, LE MARQUIS et LA MARQUISE,
entrant par le fond.

LE MARQUIS, montrant Geneviève à la marquise.

A quoi pense-t-elle donc? On dirait la statue de la Méditation!

LA MARQUISE.

Elle a l'air triste.

LE MARQUIS.

Bah!... Oui, très-triste... Qu'as-tu, mon enfant?

GENEVIÈVE, tressaillant.

Vous étiez là?

LA MARQUISE.

Tu ne nous a pas entendus entrer?... Quelle grave pensée t'absorbait donc?

LE MARQUIS.

Est-ce qu'on t'a contrariée?

GENEVIÈVE.

Pas du tout!

LA MARQUISE.

Désires-tu quelque chose?

GENEVIÈVE.

Non... (se reprenant.) C'est-à-dire...

LE MARQUIS.

C'est-à-dire, oui... Voyons, petite sournoise, dites-nous sur-le-champ ce que c'est...

GENEVIÈVE.

Je voudrais voir l'Italie!

LE MARQUIS.

Voir l'Italie?... comme ça, au pied levé?

GENEVIÈVE.

J'ai le spleen... Berlin me déplaît... j'y tomberai malade...

LA MARQUISE.

Mais depuis quand as-tu cette fantaisie?

GENEVIÈVE.

Depuis longtemps; je ne voulais pas vous en parler; j'espérais qu'elle me passerait..... Elle ne fait que grandir! Je vous en supplie... emmenez-moi à Rome!...

LE MARQUIS.

Mais cela n'a pas le sens commun!

LA MARQUISE.

C'est un caprice d'enfant gâté.

GENEVIÈVE.

Non, je vous le jure! J'ai besoin de faire ce voyage! Je n'ai pas coutume d'abuser de votre bonté, n'est-ce pas? Il m'en coûte de vous demander le sacrifice de votre tranquillité, de vos habitudes...

LE MARQUIS.

Oh! nos habitudes... la principale est de te voir contente, et je commence à croire qu'elle nous manquerait ici. — Qu'en dites-vous, marquise?

LA MARQUISE.

Nous sommes chez nous partout où Geneviève est heureuse.

GENEVIÈVE.

Eh bien, si vous me conduisez à Rome, je vous promets de chanter du matin au soir; vous m'aurez toute la journée autour de vous; il n'y aura pas de bals qui vous prendront votre petite-fille; nous serons bien plus ensemble!

LE MARQUIS.

C'est vrai! nous serions bien plus ensemble.

GENEVIÈVE.

Vous nous apprendrez le whist, à Pauline et à moi.

LE MARQUIS.

Pauline serait donc du voyage?

GENEVIÈVE.

Sans doute, c'est un voyage de famille! Tous les soirs vous aurez votre partie comme ici, et même plus agréable; car je serai votre partner, et vous pourrez me gronder quand je couperai vos rois, tandis que vous n'osez pas gronder bonne maman.

LE MARQUIS.

Eh bien, je ne dis pas non... Si la marquise y consent, nous reparlerons de cela.

GENEVIÈVE.

Comment, nous en reparlerons?

LE MARQUIS.

Donne-nous le temps de nous faire à cette idée-là, que diable!

GENEVIÈVE.

Vous me montrerez Rome vous-même, grand-papa... Toutes les jeunes filles y vont avec leur mari, qui leur explique les monuments... Moi, j'aime bien mieux que ce soit vous.

Elle a raison, mon ami ; profitons du temps o¹
seuls.

LA MARQUISE.

Elle a raison, mon ami; profitons du temps où elle est à nous seuls.

LE MARQUIS.

Si on m'avait dit il y a une heure que je passerais l'hiver à Rome, on m'aurait bien étonné.

GENEVIÈVE.

Vous consentez! Oh! que je vous remercie!

LA MARQUISE.

Ses couleurs lui sont déjà revenues.

GENEVIÈVE.

Quand partons-nous?

LE MARQUIS.

Donne-moi ma canne et mon chapeau.

LA MARQUISE.

Quel délai nous accordes-tu pour nos préparatifs?

GENEVIÈVE.

Je les ferai; vous n'aurez qu'à monter en voiture.

LE MARQUIS.

Voyons, donne-nous huit jours.

GENEVIÈVE.

Non, c'est trop! vous auriez le temps de changer d'avis.

LA MARQUISE.

Eh bien, quatre!

GENEVIÈVE.

Va pour quatre.

LE MARQUIS.

Mais tu chanteras du matin au soir?

GENEVIÈVE.

Et je ferai votre whist... je vous lirai le journal... enfin, tout ce que vous voudrez... je vous adore! (Elle lui saute au cou.)

LE MARQUIS.

Décidément ce voyage me sourit... Si nous partions demain?

GENEVIÈVE.

Je vous ai donné quatre jours... je suis raisonnable! Il nous faut le temps de décider Pauline et Henri.

LA MARQUISE.

Je ne pense pas qu'ils fassent de difficultés.

GENEVIÈVE.

S'ils en faisaient... vous êtes le chef de la famille, grand-papa; vous emploieriez votre autorité.

LE MARQUIS.

Il me semble que le chef de la famille, c'est toi.

GENEVIÈVE.

D'abord je vous préviens que si Pauline ne vient pas avec nous je ne pars pas. Si vous tenez à ce voyage, arrangez-vous.

LE MARQUIS.

C'est bien, mademoiselle; j'emploierai mon autorité. (A la marquise.) Quand nous aurons des arrière-petits-enfants, ils nous feront marcher à quatre pattes.

UN DOMESTIQUE.

Monsieur Adolphe, comédien, demande à voir monsieur le marquis.

LE MARQUIS, à la marquise.

Le comédien d'hier soir... Que vient-il chercher? (Au domestique) Faites entrer.

LA MARQUISE, à Geneviève.

Va dans ta chambre. (Geneviève sort.)

SCÈNE VI.

LES MÊMES, ADOLPHE.

ADOLPHE.

Je vous demande pardon de vous déranger, monsieur le marquis; c'est à madame la comtesse que j'eusse désiré parler, mais on m'a dit qu'elle était sortie, et j'ai pris la liberté...

LE MARQUIS.

Que puis-je pour votre service, monsieur?

ADOLPHE.

J'ai donné hier à madame la comtesse et à madame sa mère une sorte de représentation dans ce salon même...

LE MARQUIS.

Je le sais, monsieur.

ADOLPHE.

Alors, monsieur, vous devinez peut-être ce qui m'amène?

LE MARQUIS.

Non, monsieur.

ADOLPHE.

Madame la comtesse ne vous a donc pas parlé d'une perle?...

LE MARQUIS.

Non, monsieur.

ADOLPHE.

D'une perle qu'elle ma donnée pour ma femme, en guise d'honoraires... (Il montre la perle.)

LA MARQUISE.

Cette perle ne servait-elle pas de fermoir à une rivière de...

LE MARQUIS, s'interrompant.

De diamants?

ADOLPHE.

Je crois qu'oui...

LE MARQUIS, bas à la marquise.

Voilà une mystification de mauvais goût.

ADOLPHE.

J'ai accepté sans savoir ce que ce j'acceptais; mais ce matin, contraint par la nécessité (je suis père), j'ai porté ce bijou... je suis confus de le dire... chez un joaillier...

LE MARQUIS.

Je comprends; il vous a édifié sur la valeur du cadeau et vous le rapportez.

ADOLPHE.

Oui, monsieur... je ne puis croire que madame la comtesse ait eu l'intention...

LE MARQUIS.

Vous avez raison, monsieur; elle aura pris un bijou pour un autre. Elle sera très-confuse de son erreur... Donnez-moi cette perle, et permettez-moi de réparer l'étourderie de ma nièce... (Il tire un billet de sa poche.) Voici deux cents thalers.

ADOLPHE, humilié.

Ah! monsieur!...

LE MARQUIS.

Est-ce trop peu?

ADOLPHE.

Mais, monsieur, la perle n'en vaut que cent cinquante!

LA MARQUISE.

Cent cinquante! (Au Marquis.) Donnez donc... (Elle prend la perle et la frappe contre un meuble.) Elle est fine!

ADOLPHE.

Que supposiez-vous donc? que je venais réclamer de l'argent... quand au contraire j'en rapporte? Λ. le marquis paraît étonné... Il n'est pas obligé de savoir que je suis de bonne famille.

LE MARQUIS.

Pardon, monsieur!

ADOLPHE.

Je sors d'un père qui sans être gentilhomme est un des premiers quincailliers de Paris.

LE MARQUIS.

Et votre conduite prouve qu'il y a dans votre famille de vieilles traditions de délicatesse.

ADOLPHE.

Je m'en flatte, monsieur; c'est le seul héritage que je laisserai à mes enfants.

LE MARQUIS.

Prenez-vous du tabac, monsieur Adolphe?

ADOLPHE.

Par boutade.

LE MARQUIS, lui offrant une prise dans une boîte d'or.

Comment trouvez-vous le mien?

ADOLPHE.

Délicieux !

LE MARQUIS.

Je vous en enverrai... En attendant, faites-moi le plaisir
d'emporter celui-ci... (Il lui met sa boîte dans la main.)

ADOLPHE.

Quoi... monsieur... la tabatière aussi?

LE MARQUIS.

Je ne sais pas ce qu'elle vaut ; et de peur que vous ne soyez
obligé de vous en informer, permettez-moi d'y glisser quelques
bonbons pour vos enfants. (Il met le billet dans la boîte.)

ADOLPHE.

Oh! monsieur!

LE MARQUIS.

Adieu, monsieur Adolphe... vous êtes un honnête homme
rara avis.

ADOLPHE.

Oiseau rare en effet... et qui ne chante guère. (Il sort.)

SCÈNE VII.

LE MARQUIS, LA MARQUISE, puis HENRI.

LE MARQUIS.

Où diable la vertu va-t-elle se nicher? (Henri entre.) Tiens,
mon neveu, tu rendras cette perle à ta femme et tu la prieras
de ne plus nous donner des lanternes pour des vessies, en
d'autres termes, de ne plus nous donner du diamant pour du
stras.

HENRI.

Comment cela?

LA MARQUISE.

Cette perle est fine, et le reste aussi probablement.

HENRI.

Alors pourquoi ce mensonge qu'elle nous a fait?

LA MARQUISE.

Elle aura craint que vous ne la grondiez de s'être passé un caprice aussi cher...

HENRI.

Mais j'ai mis cinquante mille francs à sa disposition pour acheter des diamants ; elle m'aurait avoué qu'elle avait pris les devants.

LA MARQUISE.

Un peu de mauvaise honte peut-être.

HENRI.

C'est possible.

LE MARQUIS.

Parbleu, je veux me donner le plaisir de l'embarrasser là-dessus ; la voici.

SCÈNE VIII.

LES MÊMES, PAULINE, en chapeau, entrant par le fond.

LE MARQUIS.

Vous arrivez bien, ma nièce ; nous parlions de votre stras, et nous nous étonnions des progrès de la chimie.

PAULINE, ôtant son chapeau et son châle.

Le fait est qu'on imite le diamant à s'y méprendre.

LE MARQUIS.

Montrez-nous donc cette rivière ?

PAULINE.

Je ne l'ai plus... je l'ai renvoyée au marchand.

LE MARQUIS.

Pourquoi donc ?

PAULINE.

Madame m'a fait comprendre que la comtesse de Puygiron ne pouvait pas porter de bijoux faux.

LA MARQUISE.

On vous tend un piége, mon enfant.

HENRI.

Ma tante !

LA MARQUISE.

Non, je ne veux pas qu'on la pousse plus avant dans son petit mensonge. Nous savons que vos diamants sont fins.

PAULINE.

Ah !... eh bien, j'avoue...

LE MARQUIS.

Que vous ne les avez pas renvoyés au marchand ?

PAULINE.

Mon Dieu, si ! j'ai craint que ma ruse ne se découvrît... et j'ai mis fin à cet enfantillage ridicule.

HENRI.

Combien le marchand vous a-t-il pris ?

PAULINE.

Rien du tout.

HENRI.

Rien du tout ?

PAULINE.

Sans doute.

HENRI.

Pas même la valeur de cette perle ! (Il la lui montre.)

PAULINE, à part.

Ciel ! (Haut.) Je voulais vous cacher... je comptais payer sur mes économies...

HENRI.

Où demeure-t-il ?

PAULINE.

Ne vous en occupez pas, je m'en charge.

HENRI.

Où demeure-t-il ?

PAULINE.

Mais monsieur... cette insistance...

HENRI.

Répondez sans chercher de subterfuges !

PAULINE.

Que soupçonnez-vous donc ?

HENRI, avec éclat.

Je soupçonne que ces diamants vous ont été donnés par monsieur de Beauséjour.

PAULINE.

Oh ! Henri !

LA MARQUISE.

Vous outragez votre femme !

HENRI.

Si je me trompe, qu'elle me dise l'adresse du marchand, et je vais m'assurer sur-le-champ...

PAULINE.

Non, monsieur, je ne descendrai pas à me justifier. Vos soupçons ne méritent pas que je les dissipe. Croyez tout ce qu'il vous plaira.

HENRI.

Vous oubliez que vous n'avez pas le droit de le prendre si haut.

PAULINE.

Pourquoi, s'il vous plaît ? Je vous défie de le dire.

HENRI.

Vous m'en défiez ?

LE MARQUIS.

Tu es fou, mon ami. Ta femme a tort de s'obstiner dans une cachotterie puérile, j'en conviens ; mais, que diable, pense donc à l'infamie dont tu l'accuses.

LA MARQUISE, à Pauline.

Ayez pitié de cet insensé, mon enfant ; ôtez-lui cet horrible soupçon.

PAULINE.

Non... madame... non, je ne dirais pas un mot.

HENRI.

Misérable ! — Elle s'est vendue !

LE MARQUIS.

Henri, votre conduite est indigne d'un gentilhomme. Demandez pardon à votre femme.

HENRI.

Ah ! c'est à vous que je dois demander pardon... Cette femme, c'est Olympe Taverny ! (Le marquis reste atterré, immobile, la marquise près de lui, Pauline à droite de la scène, Henri à gauche. — Henri s'approchant de son oncle et mettant un genou en terre.) Pardonnez-moi, mon père ! pardonnez-moi d'avoir déshonoré le nom que vous portez ! d'avoir consenti aux impostures de cette femme, d'avoir souillé votre chaste maison de sa présence !

LE MARQUIS.

Je ne vous connais plus !

LA MARQUISE.

Il l'aimait alors ! il la croyait digne de nous, puisqu'il la croyait digne de lui... Ce mariage a été la faute de son enfance et non le crime de son honneur... Ne le repoussez pas, mon ami, il est bien malheureux !

LE MARQUIS, après un silence, tend la main à Henri et l'attire sur sa poitrine.

Mon enfant ! mon pauvre enfant ! (Ils restent embrassés quelques instants.)

LA MARQUISE.

Relevez la tête, Henri, l'énormité même de cette honte vous la rend étrangère.

LE MARQUIS.

Je vais provoquer monsieur de Beauséjour en ton nom.

HENRI.

Oui, un duel à mort, au pistolet, à dix pas !

LE MARQUIS.

Sois tranquille !

PAULINE.

Prenez garde à ce que vous allez faire, monsieur le marquis ; je vous affirme que monsieur de Beauséjour n'est pas mon amant.

LE MARQUIS.

Vous vous expliquerez devant les tribunaux, mademoiselle. (A Henri.) Ne crains rien de l'avenir : la prison éteindra les restes de sa jeunesse et de sa beauté, et nous lui ferons une aumône à condition qu'elle quittera notre nom.

LA MARQUISE.

Mon ami...

LE MARQUIS.

Quels ménagements devons-nous à cette créature? elle a vendu notre honneur pour de l'argent!... Ce n'est pas une femme adultère... c'est une voleuse!

PAULINE.

Monsieur le marquis!

LE MARQUIS.

Je ne vous parle pas. (A Henri.) Je vais chez monsieur de Beauséjour; il faut que le combat ait lieu avant la nuit. Je reviendrai te prendre avec les armes.

LA MARQUISE.

A quoi bon ce duel, puisque vous recourez à la loi?

LE MARQUIS.

La loi venge et protége, madame; il n'y a que le sang qui lave. (Il sort par le fond, Henri et la marquise l'accompagnent jusqu'à la porte)

PAULINE, à part.

Eh bien! j'aime autant cela! leurs insultes me dispensent de tout scrupule. Allons trouver Geneviève... (Elle sort par la droite.)

SCÈNE IX.

HENRI, LA MARQUISE, redescendant en scène.

HENRI.

Voici la clef de mon nécessaire de voyage, ma tante; vous y trouverez mon testament; j'ai envoyé le double à mon notaire de Paris.

LA MARQUISE.

Vous êtes sombre, Henri, il ne faut jamais aller au combat avec tristesse.

HENRI.

Moi triste! Ce duel est ma première joie depuis longtemps! puissé-je y rester!

LA MARQUISE.

Je n'aime pas ce découragement, il n'est pas digne d'un homme.

HENRI.

C'est que je suis plus malheureux que vous ne pouvez le croire.

LA MARQUISE.

Aimeriez-vous encore cette femme?

HENRI.

Elle m'est tellement indifférente que je ne prends même pas la peine de la mépriser! Je m'étonne d'avoir trouvé tout à l'heure une étincelle de colère. En somme, elle a fait son métier : je devais m'y attendre... Ce n'est pas monsieur de Beauséjour qui m'a déshonoré, c'est moi.— Ah! si je pouvais laver notre nom de la tache que je lui ai faite!

LA MARQUISE.

Vous le pouvez en lui donnant un nouveau baptême. Vous avez interrompu notre vieille tradition, recommencez-en une autre ; renoncez aux priviléges de votre naissance et de votre fortune ; retrempez-vous dans vos œuvres ; vos pères vous renient, vous n'êtes plus un descendant : soyez un ancêtre! — Faites-vous soldat!

HENRI.

Soldat! oui, je le serai, et si Dieu me protége, je vous prouverai que j'étais digne de vos mâles conseils. Merci, ma mère! vous m'avez rendu le courage en me montrant le moyen de reconquérir ma propre estime...

UN DOMESTIQUE, entrant par la droite, une lettre à la main.

Monsieur le comte n'a rien pour le courrier?

HENRI.

Non, mon ami; pourquoi?

LE DOMESTIQUE.

C'est que je porte à la poste une lettre de madame la comtesse, et...

HENRI.

De madame la comtesse? Faites voir. (Il prend la lettre.) « A

geste de déca-

! (Le domes-

regrette de

mme m'est

à la main,

s. Partons,

re de place

as lieu.

Vieillards qui Vous ou...
...t leurs bras...

Je n'aim...
homme. *...s de tout déconnuagés*

C'est que
croire.

Aimeriez- *Marquis a été Sévère,*

...ez-le, je Vous en supplie...

Elle m'es... *Accuses que nos princip...*
la peine de l...
une étincell... *...ejugés, si Vous voulez...*
devais m'y...
m'a déshon...
de la tache... *...? vous tricher, Madame.*

Vous le... *...des nous la grâce de noh...*
avez interr...
autre ; rene...
tune ; retre... *...t. Ayez pitié de nos...*
vous n'êtes...
vous soldat... *...eux Blancs... je prierai...*

Soldat ! ... *...pour Vous !*
verai que j'...
vous m'av...
reconquéri... *...e elle...*

UN DO... *Marquis la reconduit à la porte...*
Monsieur...

Non, mo... *Aucun...*

C'est que...
tesse, et...

madame Irma Taverny, rue de Bréda... » (Il fait le geste de décacheter, et la rend au domestique.) C'est bien ! allez ! (Le domestique sort.) J'ai été tenté d'ouvrir cette lettre, et je regrette de ne pas l'avoir fait.

LA MARQUISE.

Y songez-vous ?

HENRI.

Il me semble qu'elle contient un danger.

LA MARQUISE.

Pourquoi ?

HENRI.

Je n'en sais rien... tout ce qui vient de cette femme m'est suspect.

SCÈNE X.

LES MÊMES, LE MARQUIS, une boîte de pistolets à la main, puis PAULINE et MONTRICHARD.

LE MARQUIS.

Es-tu prêt ?

HENRI.

Oui, mon oncle.

LE MARQUIS.

Tu te bats à vingt pas ; on échangera trois balles. Partons, ces messieurs doivent être en route ; j'ai une voiture de place en bas.

PAULINE, entrant à droite. — A part.

Je les tiens maintenant.

MONTRICHARD, entrant par le fond.

N'allez pas plus loin, messieurs ; le duel n'aura pas lieu.

HENRI.

Qui l'empêchera, monsieur ?

MONTRICHARD.

Monsieur de Beauséjour a pris la fuite.

LE MARQUIS.

Il a pris la fuite?... C'est étrange; il a fait bonne contenance devant moi.

MONTRICHARD.

Oui, monsieur le marquis, et devant moi aussi. Il m'a prié d'aller chercher un notaire pour écrire son testament. Quand je suis rentré, son domestique m'a remis un mot qui m'apprenait son départ.

HENRI.

Le misérable!

PAULINE.

Consolez-vous, mon oncle; vous ne perdez que la moitié de votre vengeance : il vous reste le procès.

LE MARQUIS.

Oui, madame.

PAULINE.

Je dois cependant vous prévenir que j'y produirai une pièce sur laquelle vous ne comptez pas; une petite lettre d'une écriture que vous connaissez, et conçue en ces termes : « Cher Henri, je vous aime, vivez pour moi, qui mourrais de votre mort... » C'est signé : « Geneviève de Wurzen. »

LA MARQUISE.

Vous mentez, madame.

PAULINE.

Interrogez plutôt votre petite-fille.

LE MARQUIS.

Où est cette lettre?

PAULINE.

En sûreté, monsieur le marquis. Je viens de l'envoyer à la poste, à l'adresse de ma mère.

HENRI.

C'est le ciel qui m'inspirait de l'ouvrir!

LA MARQUISE.

Par quelle trahison l'avez-vous obtenue?

PAULINE.

S'il y a eu trahison, c'est de la part de votre neveu, qui a séduit...

HENRI, s'élançant sur elle.

Infâme!

MONTRICHARD, l'arrêtant.

C'est une femme, monsieur le comte.

HENRI.

Oui... j'ai tort!..... Un homme coupable d'une telle infamie, on le tuerait comme un chien! mais une femme, tous les attentats lui sont permis!

PAULINE.

Je trouve charmant d'être maltraitée pour les égarements de mademoiselle Geneviève!

LA MARQUISE.

Personne ici ne doute de son innocence, madame.

MONTRICHARD.

Personne!

PAULINE.

Cette opinion de famille ne sera peut-être pas partagée par le tribunal.

HENRI.

Vous avez rendu tout procès impossible, madame; vous le savez bien. — Vous triomphez. Je subirai ma honte jusqu'au bout. Mais je la porterai sous un autre nom et sous un autre ciel. Nous partirons demain pour l'Amérique.

PAULINE.

Allez coloniser, si cela vous amuse, et quittez votre nom s'il vous plait ainsi; moi, je garde le mien et je retourne en France.

HENRI.

Détrompez-vous, madame; tant que la loi ne nous a pas séparés, votre place est auprès de moi...

PAULINE.

Eh bien, rien de plus simple; c'est moi qui vous ferai un procès en séparation.

LA MARQUISE.

Vous!

PAULINE.

N'est-il pas dans le cas prévu par le Code, adultère sous le toit conjugal? J'ai des preuves par écrit.

HENRI.

Vous me faites pitié.

PAULINE.

Vous êtes compatissant. Mais prenez garde ; ce que je vous dis est très-sérieux.

LA MARQUISE.

Est-ce qu'elle peut en effet, monsieur de Montrichard...?

MONTRICHARD.

Intenter un procès? oui, madame. Je crois qu'elle le perdrait; mais la réputation d'une jeune fille ne traverse pas impunément un tel scandale. Permettez-moi un conseil, monsieur le comte : transigez.

PAULINE.

Je ne demande qu'une séparation amiable, moi! je n'abuse pas de la victoire; mais je ne veux pas payer les frais de la guerre.

LE MARQUIS.

Veux-tu me confier le soin de notre honneur, Henri?

HENRI.

J'en ai été si mauvais gardien, que je n'ai pas le droit d'en revendiquer la garde.

LE MARQUIS.

Laisse-moi seul avec madame. — Il est inutile, monsieur de Montrichard, de vous demander le secret sur tout ceci?

MONTRICHARD.

J'y suis aussi intéressé que vous, monsieur le marquis.

LE MARQUIS.

Que moi, monsieur?

MONTRICHARD.

Ce n'est pas le moment de m'expliquer; mais faites-moi la grâce de ne pas oublier, monsieur, que vous avez en moi un ami dévoué, et mademoiselle Geneviève un champion, si besoin est.

LE MARQUIS.

Je vous remercie, monsieur.

MONTRICHARD.

Venez, monsieur le comte. (Il sortent par le fond.)

LE MARQUIS, à la marquise.

Va chercher Geneviève ; il faut que nous sachions d'elle dans quel piége elle est tombée. (La marquise sort par la droite.)

SCÈNE XI.

LE MARQUIS, PAULINE.

PAULINE.

Vous voulez connaître au juste la force de mon arme? Je vous renseignerai moi-même pour abréger. — Ce qui résulterait d'un débat judiciaire, c'est que votre petite-fille aime mon mari.

LE MARQUIS.

Calomnie !

PAULINE.

Elle me croit poitrinaire ; l'amour d'enfance, comprimé au fond de son cœur, s'est échappé par cette issue.

LE MARQUIS.

J'imaginais quelque chose d'abominable... mais pas cela !

PAULINE.

Elle a su, je ne sais comment, qu'Henri l'aimait de son côté... je lui ai fait croire qu'il avait cherché querelle à monsieur de Beauséjour pour en finir avec une vie brisée, qu'elle seule pouvait lui ordonner de vivre... et elle a écrit.

LE MARQUIS.

C'est infâme !

PAULINE.

C'est ingénieux. — Ah ! cet animal est très-méchant ; quand on l'attaque...

LE MARQUIS.

Assez !

PAULINE.

Vous le voyez, monsieur le marquis : on ne pourrait expli-

quer la lettre sans dommage pour la réputation de votre petite-
fille.

LE MARQUIS, s'approchant des pistolets.

Oui, madame.

PAULINE.

Vous en êtes pâle.

LE MARQUIS.

Vous le seriez plus que moi, si vous saviez à quoi je pense.
(Allant à elle.) Soyons brefs : voici mes conditions.

PAULINE.

Des conditions ?

LE MARQUIS.

Et je vous conseille de les accepter. — Vous serez libre :
je vous donne ma parole d'honneur que nous ne vous inquiéte-
rons pas. Mais vous rendrez la lettre de Geneviève et vous
quitterez notre nom.

PAULINE.

Quel avantage ai-je à ce traité ?

LE MARQUIS.

Je vous offre cinq cent mille francs.

PAULINE.

Vous êtes modeste : votre nom vaut plus que cela.

LE MARQUIS.

La moitié de ma fortune.

PAULINE.

Allons donc ! j'en aurai le double dans cinq ans.

LE MARQUIS.

Vous avez l'impudeur d'avouer ! (se contraignant.) Je vous en
supplie ! ne me poussez pas à bout !

PAULINE.

Vous me suppliez !... moi, que vous fouliez aux pieds tout à
l'heure. — N'attendez de moi ni pitié ni merci ! — Votre nom,
je le vendrai, je le mettrai à l'encan, et fussiez-vous assez
riche pour couvrir l'enchère, vous ne l'auriez pas ! C'est ma
vengeance ! — Allons ! place à la comtesse de Puygiron !

LE MARQUIS, prenant un pistolet.

Si vous passez le seuil de cette porte, je vous tue! (Pauline lève les épaules et va jusqu'à la porte; au moment où elle l'ouvre, le marquis fait feu, elle tombe.)

SCÈNE XII.

LES MÊMES, HENRI.

HENRI.

Qu'avez-vous fait, mon oncle?

LE MARQUIS.

Justice!

HENRI.

Fuyez!

LE MARQUIS.

Fuir! — Je n'ai jamais déserté mes actes; on me jugera! (La toile tombe.)

FIN.

PARIS. — IMPRIMERIE J CLAYE, RUE SAINT-BENOIT, 7

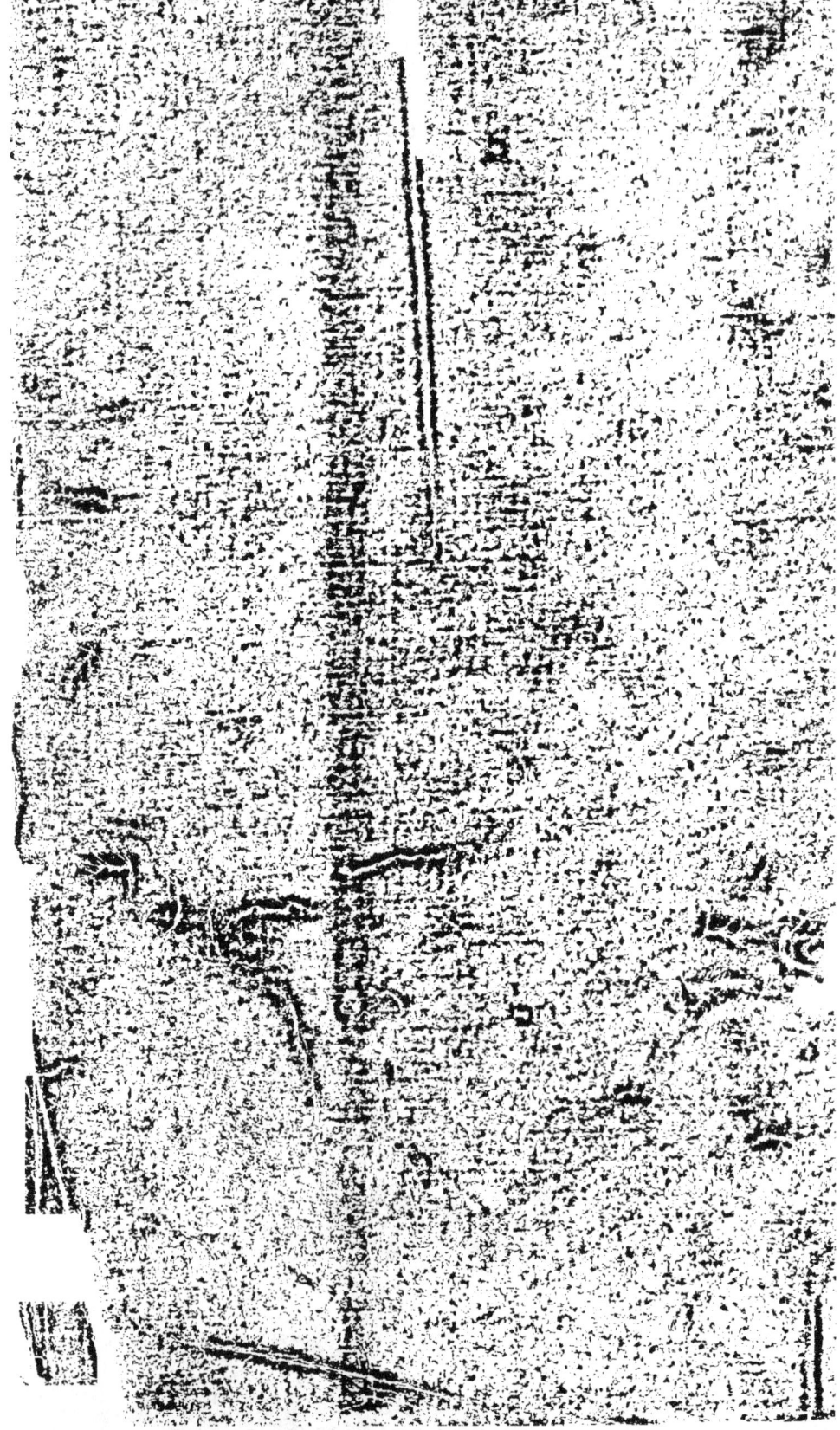

CPSIA information can be obtained
at www.ICGtesting.com
Printed in the USA
BVHW04s0937020818
523279BV00020BA/771/P